WOLFGANG BÜSER
GUIDO NEUMANN
[HRSG.]

Ärger mit dem Nachbarn

Redaktion Film: Eva Appel, Elke Müller, Stephan Wiesehöfer
Redaktion Buch: Andrea Glückert

UEBERREUTER

Die Deutsche Bibliothek – CIP-Einheitsaufnahme

Ärger mit dem Nachbarn : Alltagsfälle vor dem Amtsgericht /
Wolfgang Büser / Guido Neumann (Hrsg.). Red. Andrea Glückert –
Wien : Wirtschaftsverlag Ueberreuter, 2000
ISBN 3-7064-0630-6

Unsere Web-Adressen:

http://www.ueberreuter.at
http://www.ueberreuter.de

S 0537   1 2 3 / 2002 2001 2000

Vorwort

Spannend und informativ

Ein ohrenbetäubendes Froschkonzert von nebenan treibt einen Schriftsteller in den Wahnsinn. – Ein dringendes menschliches Bedürfnis läßt einen Autofahrer mit 180 Sachen die Geschwindigkeitskontrolle mißachten. – Rollende Einzelbetten haben auf der Versöhnungsreise die Liebe entzweit. – Ein erboster Autolackierer nimmt die Ansage der Kundin wörtlich; „Mach's schwarz!", sagt sie und er spritzt den Wagen schwarz.
Konflikte wie diese entstehen täglich und enden oft vor Gericht – mit steigender Tendenz. Fast 2,5 Millionen Klagen erreichten die Zivilgerichte in erster Instanz im letzten Jahr, davon allein 500.000 Nachbarschaftsstreitigkeiten. Doch nicht nur in der Nachbarschaft lauern Konflikte. Der Ärger beim Einkauf oder am Arbeitsplatz, Unzufriedenheit mit den Handwerkern, eine Reise, die nicht zum gewünschten Erholungswert führt: Das Konfliktpotential ist unerschöpflich.

Hauptdarsteller ist der Alltag

„Streit um Drei" zeigt auf unterhaltsam-informative Art, wie Alltagskonflikte vor Gericht enden können. Die ZDF-Gerichtssendung beschränkt sich nicht auf das Originelle, will kein Raritätenkabinett sein. Wie die Sendung selbst, präsentieren jetzt auch die Bücher zur Sendung „Bagatellfälle", wie sie jedem von uns passieren können. Zuschauer wie Leser werden einbezogen und zu Parteigängern des Klägers oder des Beklagten gemacht. Wir werden zu Experten wie die Prozeßbeobachter, die in der Fernsehserie vor dem Urteil ihre Meinung abgeben.

Drama heißt Konflikt

Menschen vor Gericht stehen auf dem Höhepunkt eines Konfliktes, den sie aus eigener Kraft nicht mehr lösen können. Die Klärung bringt nicht der strahlende Held, sondern die unabhängige Autorität. Unser Fernsehrichter bietet Schutz und Hilfe für die Streitenden, er versteht, fühlt mit und das mit allen Parteien. Er schafft in vielen Fällen dauerhaften Frieden, und macht den Alltag damit ein bißchen gerechter. Zudem befriedigt „Streit um Drei" den Informationsbedarf. Denn was wissen wir schon von unseren vielfältigen Rechten und Pflichten? Jede Situation im Leben, alle menschlichen Beziehungen und Kontakte haben eine juristische Seite. Sie werden ständig aufs Neue von Gesetzen und Urteilen geregelt.

In der Zuspitzung liegt die Wahrheit

Viele Fallgeschichten stammen von unserem Fernsehrichter Guido Neumann selbst. Die schönsten und anschaulichsten Fälle aus seiner Zeit als Amtsgerichtsdirektor haben wir bearbeiten lassen. Das heißt zum einen, daß wir aus rechtlichen Gründen die authentischen Namen und Umstände ändern mußten und zum anderen in die Fälle dramaturgisch eingegriffen haben – nach der Devise: In der Zuspitzung liegt die Wahrheit. Über dreißig Drehbuchautoren sorgen dafür, daß die Zuschauer spannende und unterhaltsame Gerichtsszenen und stimmige Figuren zu sehen bekommen.

Für die Dreharbeiten bedeutet das: Die Schauspieler, die sich zuvor gemeinsam mit den Regisseuren mit ihrer Rolle vertraut gemacht haben, improvisieren vor laufender Kamera und haben Raum für spontan geäußerte Argumente. Bei der Inszenierung im Studio tritt zu Tage, was für alltägliche Auseinandersetzungen gilt, die vor Gericht enden: Ein Rechtsstreit ist zwar der Anlaß zur Klage, doch im Grunde geht es um Enttäuschung, Hoffnung, Vertrauensmißbrauch und die Verletzung von Würde. Menschliche „Minidramen" auf den Punkt gebracht, auf den dramaturgischen Höhepunkt. Das ist der Kern der Sendung, der

Rest ist handfeste juristische Information mit einer Prise Talk. Nach diesem Erfolgsmuster sind auch die „Streit um Drei"-Bücher entstanden.

Die Drei vom Gericht

Auch wenn im Gerichtssaal die Emotionen brodeln – Richter Guido Neumann ist der Fels in der Brandung. Nichts Menschliches ist ihm fremd. Fast dreißig Jahre Berufserfahrung als Amtsrichter lassen ihn seine Verhandlungen kraft seiner Autorität führen – hellwach, gelassen und freundlich. Den Aufgeregten dämpft, den Schüchternen ermutigt er. Und so mancher „Streithansel" wird durch das Urteil überzeugt: Was dem einen Recht ist, ist dem anderen noch lange nicht Recht. In „Streit um Drei" schlägt Wolfgang Büser für den juristisch nicht vorgebildeten Zuschauer sein „Rechtslexikon" auf und erzählt leicht verständlich von verwandten Fällen und vergleichbaren Urteilen. Wolfgang Büser ist Fachjournalist für alles was „Recht" ist: Sein Spektrum reicht vom Miet- und Reiserecht über das Arbeits- und Sozialrecht bis hin zum Zivilrecht. Exklusiv für die Ratgeber hat Wolfgang Büser aus allen Gerichten in ganz Deutschland nun noch mehr Vergleichsurteile zu jedem Fall recherchiert.

Wenn in der Sendung die Prozeßbeobachter zu einem ganz persönlichen Statement verführt werden, der Verlierer noch einmal Dampf abläßt und der Prozeßgewinner seinen Sieg auskostet – dann haben das die Zuschauer der launig charmanten Art des Moderators Ekkehard Brandhoff zu verdanken. Denn wer läßt sich nicht gern unterhalten durch die Spannung zwischen Rechtsempfinden und Rechtswirklichkeit? Auch die Begleitbücher zu „Streit um Drei" stellen sich diesem Anspruch. Sie treiben der Juristerei das Unnahbare und Trockene aus.

Rechtsprechung zum Anfassen

Die Bücher bieten weit mehr als eine Sammlung der Fälle aus der Serie zum Nachlesen. Für die „Streit um Drei"-Ratgeber wurden die ZDF-Gerichtsfälle thematisch nach Rechtsgebieten gebündelt und von einem Juristen jeweils mit einer Einführung versehen. Er gibt auch nach jedem einzelnen Fall Informationen zur rechtlichen Ausgangssituation, zum Streitwert, zu Prozeßkosten und -risiko. Außerdem enthält jeder Band einen ausführlichen Anhang mit konkreten Tips, Adressen, Tabellen und Hinweisen zur schnellen Orientierung. Mit Hilfe der Ratgeber kann sich der betroffene Leser also im Dickicht der Rechtsprechung juristisch Erste Hilfe holen. Denn jede noch so ausgefallene Geschichte ist gleichzeitig exemplarisch. Wie komme ich zu meinem Recht? Habe ich mit einer Klage Aussicht auf Erfolg? Und was kostet mich ein Prozeß? Als eine Art Leitfaden versuchen die „Streit um Drei"-Bücher, Fragen wie diesen auf den Grund zu gehen.

Auch wenn Sie sich nach der Lektüre einem Amtsgerichtsprozeß gewappnet fühlen – besser ist allemal das Motto von „Streit um Drei": Vertragen Sie sich gut!

Inhaltsverzeichnis

Einleitung

Wenn der Streit unter Nachbarn rechtlich ausgetragen wird, lassen sich die meisten Fälle in folgende vier Gruppen einteilen, an denen sich auch die Gliederung dieses Buches orientiert:

- Immissionen: Lärm und Geruch dringen von einem Nachbargrundstück oder von einer Nachbarwohnung zur anderen. Was muß hier ertragen werden?
- Tiere: Daß Tiere nicht verantwortlich handeln, weiß jeder. Aber muß sich der Nachbar deshalb jede Belästigung gefallen lassen oder gar Schäden auf seinem Grundstück achselzuckend ertragen?
- Persönlichkeitsrecht: Große Stars zerren Paparazzi bis vor höchste Gerichte und kassieren aberwitzige Summen für unerlaubt geschossene Fotos. Muß sich der gewöhnliche Nachbar ungefragt ablichten lassen?
- Anmaßung: Manche Zeitgenossen fahren rücksichtslos über fremde Grundstücke, andere führen sich als Hilfssheriffs auf und zertrampeln dabei Blumenbeete. Hat dies der Nachbar geduldig zu ertragen, weil der andere frecher ist oder sich ohne böse Absicht getäuscht hat?

Antworten auf diese und viele weitere Fragen zum Nachbarrecht finden Sie auf den folgenden Seiten.

Immissionen

Jeder, der für ein Grundstück verantwortlich ist, muß dafür sorgen, daß von dort aus nicht unnötig Immissionen freigesetzt werden und andere belästigen. Immissionen sind vor allem Lärm und Geruch. Für sie gibt es klare Regeln im

- Bundesimmissionsschutzgesetz mit der Technischen Anweisung Lärm und der Technischen Anweisung Luft
- Nachbarrecht der Bundesländer
- Ordnungswidrigkeitengesetz.

In schweren Fällen kann sogar eine Straftat vorliegen, die nach dem Strafgesetzbuch (StGB) geahndet wird. Hierzu zählen zum Beispiel:

- Gewässerverunreinigung (§324 StGB)
- Bodenverunreinigung (§324a StGB)
- Luftverunreinigung (§325 StGB)
- Verursachen von Lärm, Erschütterungen und nichtionisierenden Strahlen (§325a StGB)
- Unerlaubter Umgang mit gefährlichen Abfällen (§326 StGB)
- Gefährdung schutzbedürftiger Gebiete (§329 StGB)
- Schwere Gefährdung durch Freisetzen von Giften (§330a StGB).

Für Lärm enthalten das Bundesimmissionschutzgesetz, die TA Lärm und die länderrechtlichen Regelungen Grenzwerte, die je nach Bebauungsgebiet einzuhalten sind bzw. bestimmte Uhrzeiten, in denen ruhestörender Lärm ganz unterbleiben muß. Die wichtigsten Informationen fürs Nachbarrecht erhalten Sie von folgenden Stellen:

- Justizministerium des Landes (Infobroschüre Nachbarrecht)
- Umweltamt der Gemeinde
- Gewerbeaufsichtsamt der Gemeinde (Immissionen von Betrieben)
- Polizei.

Gelegentlich und in beschränktem Umfang sind jedoch Immissionen hinzunehmen: So haben Amtsgerichte entschieden, daß einmal monatlich gegrillt werden oder daß der Hund des Nachbarn gelegentlich bellen darf. Die Richter unterscheiden dabei aber auch Immissionsquellen: So wird sich ein Nachbar viel eher gegen die Kreissäge seines Nachbarn in der Mittagszeit wehren können, als gegen spielende, schreiende Kinder. Grundsätzlich nicht zu den Immissionen gehört das störende Verhalten eines Nachbarn. Wenn zum Beispiel jemand seine Meditation nackt im Garten absolviert oder die Nachbarin „oben ohne" ein Sonnenbad nimmt oder ein anderer Nachbar scheußliche Gartenzwerge aufstellt, dann bleiben diese ästhetisch-moralischen Attacken meist ungesühnt.

Gegenwehr

Verbotene Immissionen, die auf das Nachbargrundstück eindringen und damit Emissionen sind, kann der Betroffene abwehren und zwar auf zwei Wegen:
- durch eine Anzeige bei der Behörde oder Polizei
- durch die Forderung nach Unterlassung und eventuell nach Schadenersatz.

Der zweite Punkt spielt in den folgenden Fällen vor dem Amtsgericht die maßgebende Rolle. Rechtsgrundlage dafür sind §§1004, 906 BGB, bei Schadenersatz auch §823 BGB. In Zweifelsfällen muß der Amtsrichter hier aber abwägen: Was ist zumutbar, was geht zu weit?

In bestimmten Fällen hat ein belästigter Nachbar auch ein Recht auf Notwehr. „Notwehr ist die Verteidigung, die erforderlich ist, um einen gegenwärtigen rechtswidrigen Angriff von sich oder einem anderen abzuwehren", so die Definition in §32 StGB. Hier gilt aber, daß grundsätzlich zuerst die Behörden und das Gericht eingeschaltet werden müssen, bevor diese Art Selbstjustiz legitim ist.

Platsch!
Grillparty mit Folgen

Kläger
Karl-Heinz Grabis' Grillfest fällt ins Wasser. Wie begossene Pudel standen die Gäste herum, weil der Nachbar die Nase voll hatte und den Rasen sprengte.

Beklagter
Peter Krautner blüht im Garten auf. Aber wenn er Grillwürstchen riecht, gießt er auch mal über das Ziel hinaus.

Es ist einer dieser extrem heißen Sommertage Mitte Juli. Gegen 20.00 Uhr rechnet das junge Ehepaar Karl-Heinz und Katrin Grabis mit den ersten Party-Gästen für ihre Grillfete. Diesmal erwarten die beiden nicht nur Freunde, Bekannte und Arbeitskollegen, sondern auch den Chef von Karl-Heinz mit seiner Gattin.

Am Tag zuvor, einem ebenfalls brütend heißen Sommertag, montiert Peter Krautner, Nachbar von Karl-Heinz, eine Sprinkleranlage in seinem Garten. Ganz im Gegensatz zum Nachbargrundstück sind seine Blumenbeete am Zaunrand eine wahre Pracht und sein Rasen eine Zierde. Der Garten ist sein ein und alles. Er pflegt und hegt ihn. Zusammen mit seiner Frau Renate und dem Cocker-Spaniel Purzel wohnt der pensionierte Beamte seit über zwanzig Jahren im Mühlenweg. Bis zum vorigen Jahr gab es nie einen Anlaß, sich über die Nachbarn aufzuregen. Doch dann kamen die Grabis. Schon oft stand Peter in den vergangenen Monaten kopfschüttelnd am Zaun. Er kann nicht begreifen, wie man seinen Rasen so verkommen lassen kann. Wenn nicht bald etwas geschieht, sprießt bei den neu hinzugezogenen Nachbarn nur noch Unkraut, aber sicherlich keine Blume mehr. Peters nicht sehr hohe Meinung über die jungen Leute von heute bestätigt sich am Beispiel der Grabis' ein weiteres Mal. Wie jeden Tag, so schweift auch heute wieder sein Blick über das Grundstück nebenan. Seine Augen bleiben am Grill hängen, den Karl-Heinz schon heute für das morgige Fest aufgestellt hat und sofort sinkt seine Laune in den Keller. Seit knapp einem Jahr wohnt dieses Pärchen im Nachbarhaus und seitdem gibt es nur Ärger: Laute Musik, Gequatsche zu nachtschlafender Zeit im Garten – und irgendwann im Frühjahr ging es los mit diesen ausschweifenden Grillparties. In seiner momentanen Wut richtet Krautner kurz entschlossen seine Bewässerungsanlage auf den benachbarten Grillplatz aus. Die automatische Einschaltuhr programmiert er auf 22.00 Uhr. Er freut sich sehr, als die Nachbarn ihren Garten am darauffolgenden Samstag tatsächlich für eine Party herrichten.

Diesmal hat sich Katrin Grabis noch mehr Mühe mit der Partyvorbereitung gegeben als sonst. Es gibt frische Salate mit den besten Zutaten, Nachspeisen und Kalles geliebte Quiche Lorraine. Außerdem hat ihr Mann natürlich jede Menge Grillfleisch besorgt. Heute kommen auch die neuen Gartenmöbel erstmals zum Einsatz. Wegen der Hitze, die auch mit der Abenddämmerung nicht nachlassen will, beschließen Karl-Heinz, Katrin und die Gäste, die nach und nach eintreffen, mit dem Essen noch etwas zu warten. Ungefähr gegen 21.00 Uhr legt

Kalle aber dann doch die ersten Würstchen auf den Grill. Der Rauch zieht prompt direkt zu den Krautners hinüber. Insgeheim rechnet Karl-Heinz damit, bald einen fauchenden Nachbarn am Gartenzaun abfertigen zu müssen. Doch heute Abend sind die Krautners entweder nicht zu Hause oder sie finden sich so langsam aber sicher mit den Grillfeten ihrer neuen Nachbarn ab. Gegen 22.00 Uhr sind alle Gäste vollzählig und mit Essen und Trinken versorgt. Karl-Heinz und Katrin zwinkern sich zufrieden zu. Dieses Fest ist ihnen gelungen. Den Gästen schmeckt's und ausnahmslos alle scheinen sich zu amüsieren. In gemütlicher Runde haben sich Freunde und Bekannte um den großen Tisch versammelt. Doch plötzlich, von einer Sekunde auf die andere, schlägt die Partylaune in Panik um. Teller landen unter lautem Klirren auf dem Boden, Stühle fallen um – geschockt kreischt die Gesellschaft auf und verläßt fluchtartig den Garten. Doch keiner bleibt verschont.

Herr Krautner, der zu dieser Stunde schon in tiefem Schlaf liegt, hat zwar auf sein übliches Gekeife am Gartenzaun verzichtet, doch nur weil er eine viel wirkungsvollere Art gefunden hat, um auf sich aufmerksam zu machen: Seine Sprinkleranlage mit dem weit reichenden Strahl versorgt heute abend nicht nur die Blumenbeete des Nachbarn mit ausreichenden Wassermengen, sondern noch dazu gleich die gesamte Gästeschar. Kurze Ratlosigkeit macht sich breit, was denn da auf einmal los sei, als schon wieder der nächste Guß auf alle herunterstürzt. Kalle ahnt augenblicklich, daß es nur einen Urheber dieser Attacke geben kann: Herrn Krautner. Trotz des hochsommerlichen Wetters sind die durchnäßten Gäste wenig begeistert von dieser spontanen Erfrischung. Darum verabschieden sich auch schon wenige Minuten später die ersten Besucher und geben damit weiteren Gästen das willkommene Signal zum Aufbruch. Das Fest fällt buchstäblich ins Wasser. Kalle fackelt nicht lange. Dieser Nachbar wird ihm seine Party ganz sicher nicht verderben.

Peter und Renate Krautner, die sich vorgenommen haben, am nächsten Morgen früh aufzustehen – sie wollen eine Bustour nach Holland machen –, haben noch das Eintrudeln der ersten Partygäste beobachtet, sich dann mit Ohropax versorgt und gegen 21.00 Uhr ins Bett gelegt. Die beiden schlafen ungestört, bis das hektische Gekläff ihres Cockerspaniels Purzel sie weckt. Peter Krautner klopft Purzel besänftigend auf den Rücken, doch das Tier läßt sich nicht beruhigen. Die Krautners werden wach und lauschen. Rüttelt da etwa jemand am Fenster? Die beiden Eheleute schrecken zusammen. Peter Krautner bringt all seinen Mut auf, verläßt das Bett und läuft zum Telefon, um die Polizei zu alarmieren.

Ein paar Minuten zuvor ist Kalle Grabis mit Hilfe eines Gastes behende über den mannshohen Zaun vom Nachbargrundstück geklettert und – oh weh – oben an den Maschen hängengeblieben. Beim Sprung auf das nachbarschaftliche Grundstück zerreißt seine neue Armani-Hose. Und es kommt noch schlimmer. Die fest im Boden verankerte Sprinkleranlage läßt sich weder bewegen, noch ausschalten. Genervt kehrt Kalle zum Zaun zurück, um festzustellen, daß er ohne den „Steigbügel" seines Gastes nicht wieder auf die andere Seite zurück kann. Der Zaun ist viel zu hoch. Einige hilflose Kraxelbemühungen scheitern kläglich. Krautners, so scheint es Kalle, sind tatsächlich nicht zu Hause. Abgesehen vom Kläffen ihres Hundes liegt das Haus in stiller Dunkelheit. Das Gartentor ist verschlossen und noch höher als der Zaun. Während Kalle verzweifelt nach einem Ausweg sucht und, zu allem entschlossen, selbst die Fenster und Türen an Krautners Haus inspiziert, wird er plötzlich von hellen Scheinwerferkegeln geblendet. Vor ihm stehen zwei Polizeibeamte, gefolgt vom Ehepaar Krautner. Wie Kalle es aus Fernsehkrimis kennt, nimmt er augenblicklich die Hände hoch. Das Mißverständnis ist schnell geklärt. Doch das schallende Gelächter der Polizisten und der Krautners angesichts seiner mißlichen Situation und seines freigelegten Hinterns, der durch die kaputte Hose zu sehen ist, wird Kalle noch lange nachhängen.
Diese nachbarschaftliche Schikane, die ihm der rechthaberische Krautner da zugefügt hat, geht einfach zu weit. Da ist für ihn der Spaß vorbei.

An und für sich ist Kalle Grabis ein lustiger und fröhlicher Typ – immer zu Scherzen aufgelegt. Als Spaßvogel ist der 30jährige, der als

Sachbearbeiter bei einer Krankenkasse arbeitet, bei Freunden und Arbeitskollegen sehr beliebt. Obwohl seine Arbeit für ihn nur ein notwendiges Übel ist, hat er es sich noch mit keinem seiner Kollegen verscherzt. Denn zum Ausgleich bietet er soviel Stimmung, daß selbst der launischste Kollege lachen muß. Auf einem Betriebsausflug hatte er vor vier Jahren Katrin kennengelernt. Sie arbeitete in der gleichen Kasse, allerdings in einer Zweigstelle. Vor drei Jahren haben Katrin und Kalle dann endlich geheiratet – und sich gefreut, daß die aufreibende Partnersuche nun ein Ende hatte. Vor knapp einem Jahr zogen die beiden in das kleine Haus im Mühlenweg. Den Ausschlag für das Anwesen gab der Garten, den sich Katrin schon immer gewünscht hatte. Sobald es das Wetter zuläßt, sitzen die beiden draußen. Sehr zum Mißfallen der Nachbarn, die sich umgehend beschwerten, haben sie anfangs im Garten auch noch Musik gehört. Fortan war das Verhältnis zu den Krautners gestört.

Bei der kleinsten Kleinigkeit meckern die Krautners seitdem an ihnen herum. Katrin meint sogar, daß Renate Krautner im nahen Tante-Emma-Lädchen Klatsch über sie und Kalle verbreitet. Frau Meier-Menke, die Besitzerin des Ladens, schaut Katrin nämlich immer so merkwürdig an. Doch Kalle lacht nur über Katrins „Hirngespinste". Statt sich wie sie aufzuregen, nimmt er die Sache mit Humor.

Die Situation zwischen den Grabis' und den Krautners eskalierte erst, als Peter Krautner vor ein paar Wochen zu einem Skatabend unterwegs war. Renate Krautner lag um 21.00 Uhr im Bett, als in Nachbars Garten der Lärm los geht. Sie wartet eine halbe Stunde in der Hoffnung, daß vielleicht bald wieder Ruhe einkehrt. Statt dessen mehren sich Stimmen und Lautstärke. Renate hält nichts mehr im Bett. Zornig läuft sie in ihren Garten und beschimpft Grabis und die Partygesellschaft. Als dieser die erzürnte Nachbarin zeternd am Zaun stehen sieht, läuft Kalle zur Höchstform auf. Mit seinen witzigen Sprüchen über die „Furie Renate Krautner" erntet er heftige Lachsalven bei seinen Gästen. Als dieser unverschämte Karl-Heinz Grabis sich auch noch einen deftigen Jux über ihr Outfit erlaubt, bemerkt Renate, daß sie in ihrem Nachthemd und mit Lockenwicklern in den Garten gerannt ist. Vor Scham würde sie jetzt am liebsten im Boden versinken. Unter dem lauten Gegröhle der Partygäste läuft sie weinend ins Haus zurück. Sie harrt so lange aus, bis endlich ihr Mann zurück ist. Schluchzend fällt sie in seine Arme und berichtet über die Gemeinheiten, die ihr widerfahren sind. Umgehend verfaßt Peter einen Brief an die Eheleute Grabis, in dem er ihnen das Feiern von Grillparties untersagt und damit droht, entsprechende Schritte einzuleiten. Die Reaktion folgt auf der Stelle: eine neue Grillparty.

Katrin Grabis ist eher ängstlich, deshalb hätte sie nach dieser Drohung die nächste Feierlichkeit am liebsten abgesagt, doch das geht auf keinen Fall, denn Kalle hat jetzt einen noch größeren und feudableren Grill gekauft. Außerdem hat er sich erkundigt und in Erfahrung gebracht, daß man gegenüber seinen Nachbarn das Recht auf Grillparties hat, zumindest einmal im Monat.

Kalle montiert den Grill extra in die Nähe des Zauns zum Nachbargrundstück, was natürlich auch den Vorteil hat, daß der Grillgeruch nicht in sein eigenes, sondern in das benachbarte Haus zieht. Die Maibowlen-Party wird ein voller Erfolg. Der Höhepunkt: das Auftauchen Herrn Krautners in seinem Morgenmantel. Der erbärmliche Gestank, die mitternächtliche Uhrzeit und die laute Musik haben Peter Krautner so in Rage gebracht, daß er einmal mehr der Party-Gesellschaft die Meinung geigen will. Doch man lacht ihn nur aus.

Wenig zu lachen hat am nächsten Tag Katrin Grabis, als sie im Ort einige Besorgungen machen will. Frau Krautner wartet mit ein paar anderen Mitgliedern des Frauenvereins auf den Bus. Kaum erspäht sie Katrin, deutet sie mit ihrem Finger in deren Richtung. Endlich kann sie ihren Groll über das Früchtchen von nebenan ablassen. Nur zu gern fügt Renate Krautner ihrem Bericht gegenüber den Freundinnen einige geharnischte Übertreibungen bei. Alle Frauen starren auf Katrin. Am liebsten hätte diese sich im nächsten Mauseloch verkrochen, so peinlich war ihr der Spießrutenlauf, als sie an den Frauen vorbei mußte.

Unter heftigen Schluchzern berichtet sie Kalle am Abend von ihrer Begegnung. Kalle hat zwar Mitleid mit Katrin, dennoch ist er nicht davon abzubringen, daß man gerade jetzt nicht klein beigeben darf. Die nächste Party, bei der aus dem Vergnügen ein regennasser Alptraum werden sollte, ist bereits fest geplant.

Doch nach der nachbarschaftlichen Sabotage mit der Krautnerschen Sprinkleranlage hat Karl-Heinz Grabis dann genug. Er ist der Meinung, daß jetzt nur noch eine Klage dem verbissenen Peter Krautner Einhalt gebieten kann und zieht vor Gericht.

Grabis fordert 600 DM Schadenersatz – 300 DM für die verdorbene Party und 300 DM als Erstattung für die zerrissene Designerhose. In seiner Klageschrift macht er seinen Nachbarn Peter Krautner für die falsch plazierte Bewässerungsanlage verantwortlich: „Der rotierende Wasserstrahl zielte im Sekunden-Takt auf unsere Gartenmöbel. Keinem der 30 Gäste gelang es, sich vor diesen Schauern zu schützen."

„Diese Argumente von Herrn Grabis sind völlig aus der Luft gegriffen!", schreibt Peter Krautner in seiner Klageerwiderung. „Meine Sprinkleranlage stelle ich so auf, daß auch unsere Blumenbeete am Zaun zum Grundstück der Familie Grabis bewässert werden.

Da es am besten für die Pflanzen ist, sie abends zu bewässern, habe ich die Sprinkleranlage auf 22.00 Uhr eingestellt. Als meine Frau und ich mitbekommen haben, daß bei Familie Grabis wieder einmal eine Party stattfand, schützten wir uns mit Watte in den Ohren. Mitten in der Nacht, so kurz vor 23.00 Uhr, kläffte unser Hund, und wir wurden wach. Ich vermutete, daß sich ein Einbrecher auf unserem Anwesen zu schaffen macht und alarmierte die Polizei. Die Überraschung war groß, als sich der vermeintliche Dieb als unser Nachbar Herr Grabis entpuppte. Ich nehme an, daß Herr Grabis, der in der ganzen Nachbarschaft als ‚Pausenclown' bekannt ist, seine Partygäste mit diesem ‚Einbruch' auf meinem Anwesen bei Laune halten wollte. Daß diese Aktion buchstäblich in die Hose ging, war nicht meine Schuld. Vielmehr sind die zertreten Pflanzen auf meinem Anwesen das Ergebnis seiner Verwüstung, die genau genommen auf seine Rechnung gehen müßte."

Der Fall aus juristischer Sicht:

Ein Nachbar grillt, dem anderen stinkt's im wahrsten Sinn des Wortes. Hier geht es um eine Immission, nämlich den störenden Geruch, der vom Grillgrundstück zum Nachbarn weht und ihm dort die Luft verunreinigt. Und unnötig störende oder gar gesundheitsgefährdende Immissionen verbieten sowohl das Bundesimmissionsschutzgesetz als auch das landesrechtliche Nachbarrecht. Der gestörte Nachbar kann verlangen, daß zu häufige oder zu penetrante Geruchsbelästigung nach §§1004, 906 BGB künftig unterbleibt und im Extremfall sogar Schadenersatz und Schmerzensgeld fordern, wenn er gesundheitlich geschädigt wurde. Allerdings kann er das Grillen nicht ganz verbieten. Denn auch der feierfreudige Nachbar darf sein Grundstück ungestört nutzen und muß sich nicht alle Freizeitfreuden verkneifen.

Und so urteilt das Gericht:

Der Beklagte wird verurteilt, die Sprinkleranlage im Garten seines Hauses künftig nur so aufzustellen, daß die Besprengung nicht über den Zaun hinweg den Garten des Klägers erreichen kann.
Die Zahlungsklage des Klägers auf Zahlung von 600 DM insgesamt wird abgewiesen.
Von den Kosten des Rechtsstreits trägt der Kläger sechs Siebtel und der Beklagte ein Siebtel.

Das erfolgte Besprengen des klägerischen Gartens mit der Folge der Auflösung einer dort veranstalteten Freiluftparty und Verhinderung des anläßlich der Party vorgesehenen Grillens stellt eine wesentliche Beeinträchtigung der Nutzung des Klägergrundstückes dar. Nach Art und Weise des Zustandekommens und der Dauer sowie des Umfangs der Beeinträchtigung, muß der Kläger Wiederholungen besorgen. Ihm steht daher ein Unterlassungsanspruch nach §§1004 und 906 BGB zu, welchem der Beklagte leicht durch ein Versetzen der Sprinkleranlage nachkommen kann.

Daß dem Kläger allerdings Lebensmittel durch das Wasser verdorben sind, hat er nicht unter Beweis gestellt. Im übrigen hätte er angesichts der Besprengung gar nicht erst den Grill bestücken dürfen oder das Fleisch sogleich in Sicherheit bringen müssen, hat also seiner Schadensminderungspflicht in keiner Weise genügt.

Daß der Kläger sich die Hose beim Überklettern des Zaunes zerrissen hat, geht auf sein eigenes Risiko. Es lag nicht etwa ein Notfall vor, welcher ihn berechtigte, Selbsthilfe zu üben und in das Besitztum des Beklagten einzudringen.

Was lief hier rechtlich ab?

Karl-Heinz und Katrin Grabis nutzen ihren Garten und damit ihr Eigentum auch, um Grillfeste zu feiern. Das war und ist ihr gutes Recht. Da sie allerdings nicht weitab von jeglicher Besiedlung, sondern direkt neben Nachbarn wohnen, ist ihre Freiheit zu feiern nicht unbeschränkt. So müssen sie

- übermäßigen Lärm vermeiden,
- dafür sorgen, daß ihre Grillschwaden nicht unnötig die Nachbarn belästigen.

Beides war den Grabis' auch bewußt, sonst hätte Karl-Heinz Grabis nicht darauf gepocht, daß er einmal monatlich ein Grillfest geben darf. Diese Weisheit schöpfte er offenbar aus verschiedenen Urteilen zum Nachbarrecht (Beispiele siehe Vergleichsurteile S. 25 ff.). Darin war jedoch kein Freibrief zu sehen, die Krautners übermäßig mit Lärm und Rauch zu traktieren.

Krautners Rache

Durfte aber Peter Krautner mit seiner Sprinkleranlage einfach zurückschlagen? Natürlich nicht, denn eigenmächtig sein Recht durchzusetzen, kann man grundsätzlich nur in einer Notwehrsituation. Und die ist ausschließlich dann gegeben, wenn es im konkreten Fall unzumutbar ist, die Polizei einzuschalten oder (bei längerem Streit) beim Amtsgericht zu klagen.

Davon konnte hier aber keine Rede sein. Peter Krautner rief nicht bei der Polizei an, sondern schritt zur Selbstjustiz, indem er die Wasserfontänen auf die Grillgäste seines Nachbarn richtete.

Rechte des Eigentümers

Genau das aber durften sich die Grabis' verbitten. Denn sie konnten wie jeder Grundstückseigentümer darauf bestehen, daß unnötige Beeinträchtigungen auf ihrem Grund und Boden unterlassen werden. Und dazu gehören nicht nur Lärm und Grillschwaden, sondern zum Beispiel auch unerwünschte Sprinklergüsse.

Ebensowenig wie Peter Krautner hatte aber auch Karl-Heinz Grabis das Recht zur Selbstjustiz. Er durfte also nicht über den Zaun auf das Grundstück seiner Nachbarn eindringen – das hätte ihm übrigens eine Anzeige wegen Hausfriedensbruch und Sachbeschädigung (zertrampelte Blumen) einbringen können.

Wie wurde der Rechtsstreit beigelegt?

An eine gütliche Einigung mit den Krautners war offenbar nicht zu denken. Karl-Heinz Grabis zog deshalb vors Amtsgericht und klagte gegen Peter Krautner.

- Inhalt der Klage: Unterlassung solcher Wasserattacken und Schadenersatz für das abgebrochene Fest sowie für die zerrissene Armani-Hose.

- Streitwert: 1 000 DM.
- Kosten: Sobald beide Seiten einen Rechtsanwalt beauftragen, fallen dafür insgesamt 719,20 DM an. Die Gerichtskosten beliefen sich auf 210 DM plus eventueller Kosten für Zeugen und Sachverständige. Insgesamt betrugen die Kosten dieses Nachbarschaftsstreits also 929,20 DM.
- Prozeßrisiko: Die Chancen für Karl-Heinz Grabis, diesen Prozeß zu gewinnen, hingen entscheidend davon ab, ob er Peter Krautner nachweisen konnte, daß dieser die Sprinkleranlage absichtlich auf sein Grundstück gerichtet hat. Außerdem hätte der Amtsrichter auch noch zu dem Schluß kommen müssen, daß die absagte Party und die zerrissene Hose ursächlich damit zusammenhängen. Die Chancen für Karl-Heinz Grabis, diesen Prozeß zu gewinnen, waren also gering, sein Risiko, den größten Teil der Kosten übernehmen zu müssen, daher entsprechend hoch.
- Rechtsanwalt: Für diesen Rechtsstreit ließe sich jeder Rechtsanwalt einschalten. Eventuell hilft der Eintrag eines Interessenschwerpunktes „Nachbarrecht" bei der speziellen Suche weiter (Tips dazu im Anhang auf Seite 165 ff.). Alternativ hätten Grabis und Krautner aber auch einen Mediator beauftragen können, ihren Streit gütlich beizulegen. Adressen von Mediatoren vermittelt zum Beispiel der Deutsche Anwaltsuchdienst (Anhang, Seite 167).

Vergleichsurteile

Einmal im Monat darf gegrillt werden

„Einmal im Monat" – Karl-Heinz Grabis wußte, was Richter zum häufigen Streitobjekt „Grillen" entschieden haben. So hat das Amtsgericht Bonn für den Bereich eines Mehrfamilienhauses ohne Garten festgestellt, daß sich jeder Bewohner auf Balkon oder Terrasse einmal pro Monat dem Grillvergnügen hingeben darf. Das aber auch nur dann, wenn die Nachbarn zwei Tage vorher „informiert" wurden. „Ein-

mal pro Monat" hört sich in diesem Zusammenhang wenig an. Allerdings kann das – je nach Größe des Wohnhauses – durchaus auch „einmal täglich" bedeuten – wenn auch an unterschiedlichen Stellen der Wohnanlage. Die Bonner Richter haben zugleich festgestellt, daß „exzessives" Grillen zu solchen Belästigungen der Mitbewohner durch Rauch, Fett- und Bratendünste führe, daß dies sogar eine Mietkürzung rechtfertige – wenn der Vermieter nicht dafür sorgt, daß die Beschränkung pro Mieter auf „einmal" eingehalten wird.
(Amtsgericht Bonn – AZ: 6 C 545/96)

„Fünfmal pro Jahr" ist Grillen erlaubt, aber...

Das Bayerische Oberste Landesgericht hat die Angelegenheit „globaler" gesehen. Die Münchener Richter hatten einen Streit in einer Wohneigentumsanlage mit Garten zu schlichten. Sie ließen sich nicht darauf ein, den Zeitraum für „erlaubtes" Grillen in Monatsschritten festzulegen, sondern gestatteten den einzelnen Eigentümern, jährlich bis zu fünfmal den Grill anzuwerfen. Dies wiederum – um Grillmuffel nicht gar zu sehr zu belästigen – je nach Größe und Lage des Gartens und nach verwendetem Gerät – „am äußersten Ende". Rücksichtnahme auf den anderen wird also nicht nur von Mietern gefordert, sondern auch von Wohnungseigentümern, bei denen man hätte annehmen können, daß sie „schalten und walten" können, wie sie wollen...
(Bayerisches Oberstes Landesgericht – AZ: 2Z BR 6/99)

Leiser Gastgeber muß für laute Gäste geradestehen

Auf Grillparties geht es naturgemäß nicht immer in „Zimmerlautstärke" zu. Daß aber Besucher eines Grillabends dem Gastgeber sogar ein Bußgeld einbrocken können, zeigt ein Fall aus dem Rheinischen. Hier hatte das Oberlandesgericht Düsseldorf darüber zu entscheiden, ob ein Wohnungsmieter, der sich in seinen Räumen selbst „rücksichtsvoll" verhalten hatte, für seine undisziplinierten Gäste gerade zu stehen hat. Sie störten sich nämlich nicht daran, daß Nachbarn sich bereits wegen des starken Rauchs und Lärms be-

schwert hatten, sondern grillten fröhlich und lautstark weiter. Als schließlich die von den Nachbarn gerufene Polizei anrückte, beteuerte der Gastgeber, am Holzkohle-Vergnügen nicht mehr teilgenommen zu haben. Zu spät: Er hätte seinen Gästen „den Weg weisen" müssen. Die Folge: 200 DM Bußgeld.
(Oberlandesgericht Düsseldorf – AZ: 5 Ss OWi 149/95)

Spiritus darf nicht „grillnahe" stehen
Ein anderes Problem der allsommerlichen Rückbesinnung auf die Natur: Ein 10jähriger Junge hatte nach der Barbecue-Geburtstagsfeier eines Nachbarjungen bemerkt, daß der ausglimmende Grill eine tolle Grundlage für ein Lagerfeuer sein kann. Er holte einen 11jährigen Freund zu Hilfe. Doch so sehr sie auch pusteten und wedelten: Das Feuer wollte nicht mehr angehen. Eine neben dem Grill stehengelassene Flasche Spiritus brachte in doppelter Hinsicht „Erleuchtung": Eine Stichflamme verursachte schwere Brandverletzungen beim 10jährigen. Seine Eltern forderten Schadenersatz vom nachlässigen Gastgeber der Grillparty. Mit einem Teilerfolg: Zwei Drittel des Schadens mußte die „sorglose" Familie tragen. Vor allem dort, wo spielende Kinder „problemlos zu den Nachbarn kommen können", dürfe nicht so fahrlässig mit gefährlichen Materialien umgegangen werden. Immerhin ein Drittel der Schuld wurde damit aber dem verletzten Jungen zugerechnet.
(Oberlandesgericht Hamm – AZ: 6 U 142/95).

Schmecken dürfen sie, aber nicht riechen
Hausbewohner beschwerten sich darüber, daß es zweimal wöchentlich unerträglich nach Hähnchen roch. Ursache war eine mobile Hähnchenbraterei vor einem Supermarkt. Was bei den Kunden gut ankam, brachte die Anwohner nicht auf den („Hendl"-)Geschmack. Sie wollten, daß der Bräter Ware und Duft woanders feilhielt. Das Oberverwaltungsgericht für das Saarland stimmte dem zu: „Steigt Hähnchen-Duft anliegenden Hausbewohnern zu sehr in die Nase, so muß der Standort gewechselt werden."
(Oberverwaltungsgericht für das Saarland – AZ: 2 R 8/92)

Caruso für Arme

Die lauten Arien des Nachbarn

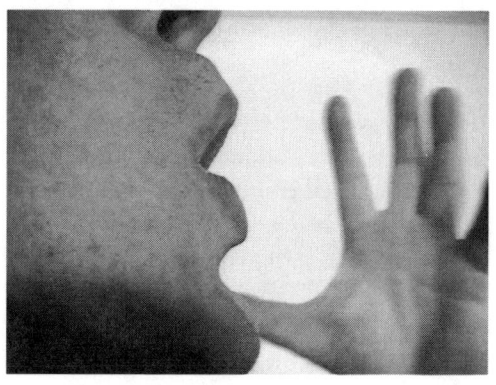

Klägerin
Irene Seibolds Hund jault bei den Arien des Nachbarn auf. Nun wehrt sie sich gegen diese Klangcollage, denn ihr Hund ist kein Backgroundsänger.

Beklagter
Friedrich Karl Baumer singt um sein Leben – und das aus gutem Grund. Für ihn ist der Gesang eine heilsame Therapie.

Nie hätte Irene Seibold ein Wort darüber verloren, daß die Gesangstimme ihres Nachbarn Friedrich Karl Baumer nicht zu den besten und strahlendsten zählt. Aber Höhen, Tiefen, Schmelz, Tempi und Technik lassen einfach sehr zu wünschen übrig. Leider läßt es Herr

Baumer auch nicht bei simplen Volksliedern bewenden, sondern probiert sich mit Vorliebe an anspruchsvollen Arien von Verdi und Händel sowie an Liedern von Schubert und Bach. Allein dieses Faible für das klassische Fach verweist Friedrich Karl Baumers Sangeskunst in den Bereich unfreiwilliger Komik. Doch durch das Gejaule von Heinrich, dem Hund Irenes, der jedes Lied begleitet, wird Baumers Gesang für sie dann wahrhaft unerträglich.

Um des nachbarschaftlichen Friedens willen versucht Irene, mit dieser empfindlichen Störung fertig zu werden, indem sie sie einfach als gegeben hinnimmt. Anfangs glaubt sie, ihren Heinrich durch gütliches Zureden oder mit kleineren Strafen dazu bringen zu können, auf das Jaulen zu Baumers Gesang zu verzichten. Aber vergeblich. Die Zurechtweisungen seines Frauchens quittiert das Tier mit tiefer Verständnislosigkeit und das Eingesperrtsein in der Wohnung mit Winseln und Kratzen an der Tür. Nach kurzer Zeit ist Heinrich so verwirrt, daß er seine Verdauungsrückstände nicht mehr während der allabendlichen Spaziergänge auf der Straße, sondern in Irenes Wohnung entsorgt.

Um Baumers spontan über den Tag verteilten Gesangseinlagen und Heinrichs Geheul doch noch zu entgehen, räumt Irene ihre Wohnung um. Zusammen mit ihrem Hund hält sie sich nun vorwiegend in dem von der Nachbarwohnung am weitesten entfernten Zimmer auf. Aber auch das führt nicht zum gewünschten Erfolg. Irene hört zwar nun nichts mehr von Baumers Gesang, aber Heinrich läßt trotzdem das Jaulen nicht. Zunächst meint sie, ihr Vierbeiner heule ohne jede Veranlassung. Als ihr der Tierarzt jedoch erklärt, daß ein Hund nun mal viel besser höre als ein Mensch, ahnt Irene, daß sie wohl einem ernsten Gespräch mit Baumer nicht länger ausweichen kann.

Friedrich Karl Baumer ist tief bestürzt, als er hört, wie sehr seine Nachbarin unter seinem Zeitvertreib leidet. Was aber den Wunsch anbelangt, auf den Gesang zu verzichten, bleibt er unbeugsam. „Es gibt wichtige Gründe, die mich dazu zwingen, in meiner Wohnung zu singen, so oft ich es für nötig halte", erklärt er Irene. Welche wichtigen Gründe mögen das wohl sein? Natürlich würde Irene gern mehr darüber erfahren. Doch ihr Nachbar möchte sich zu diesem Thema nicht näher auslassen. Der Wortwechsel wird zunehmend gereizter, nachdem Baumer ihr empfiehlt, sich von Heinrich zu trennen. Denn schließlich sei doch allein der Hund für die Ruhestörung verantwortlich. Das geht Irene Seibold entschieden zu weit. Nachdem ihre Eltern verstorben sind, ist sie allein zurückgeblieben und hat sich zum Trost ihren Heinrich zugelegt. Mit ihm lebt die 46jährige Lehrerin für Mathematik und Latein seither in der großen Wohnung. Natürlich hatte Irene immer auch flüchtige oder ernsthafte Beziehungen mit Männern, mit Lehrerkollegen oder Musikern – Irene spielte eine Zeit lang Cello in einem Freizeitorchester. Aber ihre Mutter erreichte es durch ihre Einmischungen jedesmal, daß aus diesen Beziehungen keine dauerhaften Bindungen wurden. Als die Mutter starb, hatte Irene den Ruf, altjüngferlich und kauzig zu sein, war vereinsamt und mit der Zeit auch so mißtrauisch geworden, daß sie sich auf das Abenteuer einer Liebe nicht mehr einlassen wollte. Resigniert, alles in allem aber nicht unglücklich, lebt sie seither nur noch für ihren Beruf, ihre Schüler – und für Heinrich, ihren Hund.

Vor gut einem Jahr, als Irene ihrem neuen Nachbarn Friedrich Karl Baumer kurz nach seinem Einzug auf der Treppe das erste Mal begegnet, ist ihr der erstaunlich jung wirkende, freundliche Mann sehr sympathisch. Hund Heinrich scheint ihren Eindruck zu teilen. Schweifwedelnd schnüffelt er an Herrn Baumers Hosenbeinen herum und läßt sich von ihm sogar streicheln. Dem 67jährigen pensionierten Finanzbeamten war damals schon klar, daß die kultivierte, gutaussehende Herrin dieser Bestie solch eine Form der Aufmerksamkeit von ihm erwartet. Um des lieben Friedens willen erduldet Baumer denn auch die Schnüffeleien an seinem Hosenbein. Die Strafe folgt auf dem Fuß. Kaum in seiner Wohnung, kündigt sich ein Asthma-Anfall an. Sofort beginnt Baumer seine Atemübungen: „ff, ff, ff". Und inhaliert noch präventiv einen Stoß aus seinem Rachenspray. Dann, nachdem er sich beruhigt hat, beginnt der Mann mit der hageren Statur zu singen – ein Stück aus dem „Weihnachtsoratorium" von Bach: „So geht! Genug, mein Schatz geht nicht von hier..."

Gleich zu Beginn seiner inzwischen geschiedenen Ehe hatte Baumer seiner Frau klar gemacht, daß es in seinem Haushalt wegen seiner Asthma-Anfälle nie ein Haustier geben werde. Und seiner Nachbarin wird er künftig aus dem Weg gehen müssen, sollte sie in Begleitung ihres Hundes sein – ohne sie dabei zu kränken, selbstverständlich. Während er nach dieser ersten Begegnung mit Irene zu singen beginnt, hört er in der Wohnung nebenan Heinrich hingebungsvoll jaulen. Das erheitert ihn und versöhnt ihn sogleich ein wenig mit der Existenz des Tieres.

Baumer singt nicht zum Spaß, sondern aus therapeutischen Gründen. Bei einem Kuraufenthalt wurde einer der Ärzte anläßlich des Abschluß-festes auf Baumers Tenor aufmerksam. Er riet ihm, gewissermaßen als Fortsetzung der kurärztlichen Asthmatherapie, seine Stimme zu schu-len und Gesangsunterricht zu nehmen. So könnten typische Folgeschä-den der Erkrankung, wie Blähungen und hochgezogene Schultern, ver-mieden werden. Baumer befolgte den Rat, singt seither täglich und vor allem dann, wenn er akut den Ausbruch eines Anfalls verhindern will. Gewöhnlich singt der gebürtige Dresdner allein, selten mal bei Familienfesten, nie vor Fremden oder gar in einem Chor.

Daß Irene Seibold sich von seinem Gesang gestört fühlt, wird ihm erst klar, als sie bei ihm klingelt und von Heinrichs herausgejaultem Kon-trapunkt erzählt.
Kurzzeitig haben Irene Seibold und Friedrich Karl Baumer die Hoff-nung, daß sich der Nachbarschaftsfriede wiederherstellen läßt. Denn eines Tages klingelt sie bei ihm und berichtet freudestrahlend, daß ihr Hund zum ersten Mal still geblieben sei, als Baumer das Lied „Sie hat mich nie geliebt..." zum Besten gegeben hat. Sogleich stimmt Baumer die Arie wieder an, doch Hund Heinrich, den Irene gleich mitgebracht hat, heult und jault wie eh und je. Baumer versucht es mit anderen Arien, mit Liedern, mit Rezitativen, singt laut, dann wieder leise – alles vergeblich. Wut und Enttäuschung mühsam unterdrückend, nimmt Irene das Tier auf den Arm und verschwindet grußlos. Trotzig und zu-gleich niedergeschlagen nimmt Baumer seinen Gesang wieder auf.

Sein Asthma hat Friedrich Karl Baumer schon als Kind durch die feuchte und drückende Dresdner Luft bekommen. Trotzdem hat er Hemmungen, mit seiner Nachbarin darüber zu sprechen, weil er seine Krankheit als Makel empfindet. Lieber nimmt er in Kauf, daß Irene Seibold ihn für einen halsstarrigen und rechthaberischen Hagestolz hält. Auch nach ihrem Disput grüßt er sie freundlich, obwohl sie seine Grüße fortan nicht mehr erwidert. Und er hält ihr nach wie vor die Tür auf, wenn sie sich im Hauseingang begegnen. Nie würde er ihr zum Vorwurf machen, daß sie versucht hat, andere Mieter des Hauses gegen ihn aufzuhetzen. Selbst wenn sie an seiner Wohnungstür Sturm klingelt, weil Heinrich wieder heult, bleibt Baumer zuvorkommend. Er stellt manchmal lediglich seine Klingel ab. Weibliche Kraftproben ist der Nachbar aus den Anfangsjahren seiner gescheiterten Ehe gewohnt. „Ich oder der Hund", denkt er, „es wird Zeit, daß die schöne und doch zweifellos kluge Nachbarin lernt, Prioritäten zu setzen." Allerdings rechnet er zu diesem Zeitpunkt noch nicht damit, daß der Kleinkrieg zwischen ihr und ihm eines Tages vor Gericht enden wird.

In ihrer Not sieht Irene einfach keinen anderen Ausweg, als sich an das Amtsgericht zu wenden. Nie würde sie sich von Heinrich trennen! Baumers zügellose Sangeslust muß per richterlichem Urteil an festgelegte Tageszeiten gebunden werden. Sie bittet den Hausmeister in ihre Wohnung, damit dieser Zeuge von Heinrichs ausdauerndem Heulen wird. Allerdings stellt der Mann fest, daß nur in einem einzigen von Irenes vier Zimmern – dem, das direkt neben der Baumerschen Wohnung liegt – ganz leise Baumers Tenor zu vernehmen ist. Noch schonungsloser als ihr Nachbar rät er daraufhin, Heinrich in ein Tierheim zu geben oder einschläfern zu lassen. Irene ist empört und wirft den Hausmeister hinaus.

Vor Gericht erklärt die Gymnasiallehrerin, daß Heinrich, der an sich ein freundliches und liebebedürftiges Tier sei, sich völlig verändert habe, seit Friedrich Karl Baumer die Nachbarwohnung bewohnt. „Zu den Eigenheiten des Herrn Baumer gehört es, laut und mit einer Kraft zu singen, die man ihm wegen seines schmächtigen Körperbaus gar nicht zutraut. Heinrich reagiert auf diese Freizeitbetätigung ohne Verständnis, das heißt mit anhaltendem Gejaule. Seit einem Jahr gestaltet sich der Aufenthalt in meiner Wohnung zu einer täglichen Folter. Buchstäblich jede Minute, die ich in meiner Wohnung verbringe, muß ich mit dem Gesang und der eifrigen Begleitung meines Hundes rechnen. Als Lehrerin bereite ich meinen Unterricht in meiner Wohnung vor und korrigiere dort auch Schülerarbeiten. Ohropax, Tierarztbesuche, auch Termine beim Hundepsychologen, um Heinrich durch verhaltenstherapeutische Maßnahmen für gewisse akustische Reize desensibilisieren zu lassen, waren vergebliche Versuche, meine Ruhe wiederzufinden", klagt Irene Seibold vor Gericht.

Friedrich Karl Baumer drängt während des Verfahrens darauf, die Klage der Nachbarin abzuweisen. Er begründet dies damit, daß Irene Seibold schließlich nicht an seinem Gesang Anstoß nehme, sondern vielmehr die Reaktion ihres Hundes auf seine Stimme beanstande. Deshalb müßte sich die Klage genau genommen gegen den Hund und nicht gegen ihn richten.

Nachdem Irene die Argumentation Baumers vernommen hat, verbittet sie sich „diese billige Polemik", denn sie könne von einem Hund wohl nicht verlangen, natürliche Reflexe und Instinkte abzulegen. Niemand werde sie von der Notwendigkeit überzeugen, Heinrich einschläfern zu lassen, bloß weil Baumer sich weigere, seine Übungen zeitlich einzuschränken. Was für eine unglaubliche Forderung!

Der Fall aus juristischer Sicht:

Ob selbst gespielte oder gesungene Hausmusik bzw. Musik aus Radio, CD-Player oder Fernseher – in allen Fällen muß der Freund solcher Geräuschquellen auch Rücksicht auf seine Nachbarn nehmen. Denn Musik wird hier schnell zum Lärm und unnötig störender Lärm ist gesetzlich verboten: Das Bundesimmissionsschutzgesetz, das landesrechtliche Nachbarrecht und auch das Ordnungswidrigkeitengesetz untersagen

Lärmbelästigung. „Zimmerlautstärke" heißt der gängige Kompromiß. Andererseits hat der Musikfreund auch ein Grundrecht auf freie Entfaltung seiner Persönlichkeit (Artikel 2 Grundgesetz) und – je nach Qualität selbst erzeugter Musik – auch die Kunstfreiheit (Artikel 5 Grundgesetz) auf seiner Seite. Im Zweifel wird daher eine Abwägung dieser Freiheiten und des Ruhebedürfnisses eines Nachbarn vor dem Amtsgericht stattfinden.

Und so urteilt das Gericht:

Die Klage wird abgewiesen.
Die Kosten des Rechtsstreits trägt die Klägerin.

Die fragliche Geräuschimmission, welche mittelbar durch das Singen des Beklagten ausgelöst wird, muß die Klägerin nach dem Sinngehalt der §§906 und 1004 BGB hinnehmen. Denn die Mietwohnungen sind generell für den Verbleib und die Nutzung durch Menschen bestimmt. Insoweit können nur Immissionen beanstandet werden, welche diese Belange direkt stören. Darauf, daß ein Hund durch nachbarliches Singen, welches mit menschlichem Gehör nicht wahrzunehmen ist, reagiert und seinerseits die Ruhe und Behaglichkeit durch Jaulen stört, kann nicht abgestellt werden. Ansonsten handelt der Beklagte, der aus Therapiegründen singt und davon nicht läßt, nicht schikanös im Sinne von §226 BGB. Die Klägerin muß ihrerseits dafür sorgen, daß ihr Hund nicht bellt, damit nicht auch noch etwaige weitere Mieter gestört werden.

Was lief hier rechtlich ab?

Friedrich Karl Baumer singt regelmäßig in seiner Wohnung. Das darf er, denn grundsätzlich ist es jedem unbenommen, seine Freizeit nach eigenem Belieben zu gestalten.

Allerdings wohnt Baumer nicht auf einem Einödhof, sondern Wand an Wand mit Irene Seibold. Deshalb muß er grundsätzlich darauf Rücksicht nehmen, daß sie seinen Gesang nicht schätzt, ebensowenig wie ihr Hund Heinrich. Musikgeräusche, seien sie durch Gesang, Radio-, CD- oder Fernsehgeräte verursacht, dürfen nur so laut sein, daß sie nicht in benachbarte Wohnungen eindringen. Sie müssen grundsätzlich in „Zimmerlautstärke" genossen werden.

Während aber zum Beispiel gelegentlich, etwa bei Festen oder im Sommer bei geöffneten Fenstern und Terrassentüren tagsüber auch mal Musik nach außen dringen darf, ist dies in der Nachtzeit von 22 Uhr bis 6 Uhr in den nachbarrechtlichen Ländergesetzen untersagt.

Seibolds sensibler Hund

Nun lag hier aber der Fall nicht so einfach: Hätte Friedrich Karl Baumer zu jeder beliebigen Zeit ohne Rücksicht auf Verluste gesungen und damit direkt Irene Seibold gestört, dann hätte eine einvernehmliche Regelung gefunden werden müssen. Doch genau genommen war es ja der Hund, der sich durch den Gesang regelmäßig beeinträchtigen ließ.

Die Frage war daher, ob Baumers Freiheit zu singen mit Seibolds Freiheit, ihren übersensiblen Hund davor zu bewahren, so unvereinbar schien, daß Baumer den Gesang einstellen oder zumindest wie von Irene Seibold gefordert auf die Morgenstunden beschränken muß.

Wie wurde der Rechtsstreit beigelegt?

Eine gütliche Einigung zwischen Friedrich Karl Baumer und Irene Seibold schien unmöglich zu sein. Daher Frau Seibolds Gang zum Amtsgericht.

- Inhalt der Klage: Unterlassung des Gesangs außerhalb der werktäglichen Morgenstunden (§§1004, 906 BGB).

- Streitwert: Da es hier um keinen bestimmten Betrag ging, setzte der Amtsrichter den Streitwert fest, in diesem Fall auf 1 000 DM.

- Kosten: Sobald beide Seiten einen Rechtsanwalt beauftragen, fallen dafür insgesamt 719,20 DM an. Die Gerichtskosten beliefen sich auf 210 DM plus eventueller Kosten für Zeugen und Sachverständige. Insgesamt betrugen die Kosten dieses Nachbarschaftsstreits 929,20 DM.

- Prozeßrisiko: Frau Seibold hatte wenig Chancen, diesen Prozeß zu gewinnen. Zwar war es eine Tatsache, daß sie sich in ihrer Wohnung in kein Zimmer mehr retten konnte, um dem Heulen ihres Hundes beim Gesang ihres Nachbarn zu entgehen. Doch Baumer war nicht für den übersensiblen Hund verantwortlich zu machen.

- Rechtsanwalt: Für diesen Rechtsstreit konnte Frau Seibold jeden Rechtsanwalt einschalten. Wäre er gut und fair gewesen (Kriterien im Anhang auf Seite 165 ff.), hätte er ihr jedoch wegen der geringen Prozeßchance davon abgeraten, den Streit vor dem Amtsrichter auszutragen.

Vergleichsurteile

Trommeln nur zu bestimmten Zeiten erlaubt

„La musica" ist und war schon immer ein heftiger Streitgrund für Mieter und Vermieter. Weniger der Gesang – wie im Fall von Irene Seibold und Friedrich Karl Baumer – als mehr die Instrumente sind es, die Mietern auf die Ohren schlagen. So trommelte ein junger Musiker unbekümmert auf seinem neu erworbenen Schlagzeug. Kein Ohrenschmaus für seine weniger musikbegeisterten Nachbarn. Einer von ihnen ertrug den „Krach" nicht mehr und ging vors Gericht. Dort erreichte er eine starke Einschränkung der „Trommelzeiten". Die Richter am Landgericht Nürnberg-Fürth verboten die Schlagzeugeinlagen zwischen 12 und 15 Uhr sowie zwischen 19 und 8 Uhr komplett und gestatteten wegen "des

besonderen Charakters des Schlagzeuglärms" in den Frei-
räumen werktäglich eine Stunde Spielzeit (mit dem Zusatz:
„im Winter etwas mehr, im Sommer etwas weniger").
(Landgericht Nürnberg-Fürth – AZ: 13 S 5296/90)

Auch im „hellhörigen" Haus ist Musizieren erlaubt

Etwas anders sah die Entscheidung des Amtsgerichts in
Frankfurt am Main aus. Dort beschwerte sich ein Mieter
über das Klavierspiel einer Nachbarin. Die Musikstudentin
übte vor ihrer Abschlußprüfung täglich (auch an Wochenenden). Ihr Nachbar war zwar auch ein Musikfreund. Aber
es war nicht selten der Fall, daß seine Platten vom Klavierspiel übertönt wurden. Auch nach einem „klärenden" Gespräch mit der jungen Musikerin wurde es nicht besser. Der
Amtsrichter sprach ein Machtwort und schränkte die tägli-
che Spielzeit – außerhalb der üblichen Ruhezeiten – auf 90
Minuten ein. Das allerdings sei auch in einem „hellhöri-
gen" Haus vertretbar.
(Amtsgericht Frankfurt am Main – AZ: 33 C 1437/96)

Wenn's sogar zum Arzt ging: 1 000 DM Schmerzensgeld

Ein weiterer „Musik-Fall" eines Mieters wurde vor dem
Amtsgericht in Dortmund verhandelt. Ein Diskjockey spielte
zwar selbst kein Instrument, jedoch hatte er die Angewohnheit, das Programm, daß nachts die Disko-Besucher in Trance
versetzen sollte, vorher zu Hause durchzuspielen. Seine
neue High-Tech-Anlage schien dafür bestens geeignet. Eine
schon etwas betagte Hausbewohnerin aus der Wohnung über
ihm hatte für die Proben kein Verständnis. Schlimmer noch:
Sie mußte mehrmals ihren Arzt aufsuchen. Das Amtsgericht
Dortmund untersagte dem Profimusiker nicht nur die Lärmbelästigung, sondern sprach der Rentnerin sogar ein Schmerzensgeld in Höhe von 1 000 DM zu.
(Amtsgericht Dortmund – AZ: 122 C 6541/93)

Ballettschule muß die Fenster schließen

Nicht nur einzelne Mieter streiten, wenn es um „Musik-

belästigungen" durch andere geht. Mitten in der City hatte sich ein Tanzlehrer seinen Lebenstraumm erfüllt und eine Ballettschule eröffnet. Nachdem alle Genehmigungen eingeholt waren, mußte er sich noch verpflichten, die Fenster der Tanzräume während der Unterrichtsstunden zu schließen. Die Anwohner sollten von den Tänzen und der begleitenden Musik nicht gestört werden. Da die Schule im Herbst eröffnet wurde, war die „Extra-Auflage" aufgrund der Witterung kein Problem. Das änderte sich jedoch, als die ersten warmen Sonnenstrahlen die Räume aufheizten und die Tänzer ins Schwitzen gerieten. Die Fenster wurden geöffnet – und prompt klagten die Anwohner auf Einhaltung der Auflage. Zu Recht, wie der Bundesgerichtshof nach jahrelanger Verfahrensdauer entschied. Die Einhaltung der „Sonderauflage" kann auf gerichtlichem Wege durchgesetzt werden.
(Bundesgerichtshof – AZ: V ZR 74/92)

Ein Saxophonspieler ist keine „Big Band"

Ebenfalls bis zum höchsten Zivilgericht ging ein Fall, in dem sich Wohnungseigentümer zerstritten hatten. Die Wohnungseigentümergemeinschaft hatte in der Hausordnung ein „Musizierverbot rund um die Uhr" festgelegt. Das traf eine Wohnungseigentümerin als Hobby-Saxophonistin besonders hart. Sie ließ es auf einen Streit mit den restlichen Eigentümern ankommen, mit Erfolg. Das Verbot wurde gestrichen, und sie durfte fortan täglich in der Zeit von 8 Uhr bis 20 Uhr (mit Ausnahme der Mittagsruhe von 12 bis 14 Uhr) musizieren. Das Gericht schränkte ein, daß lediglich „schwerwiegende Störungen" (wie sie etwa von Schlagzeugern oder einer Band ausgingen) mit einem Dauerverbot hätten belegt werden dürfen.
(Bundesgerichtshof – AZ: V ZB 11/98)

Nur „undeutlich" Radio hören

Auf einen schlichten Nenner brachte schließlich das Oberlandesgericht München einen Streit zwischen Nachbarn, die beide „ein Leben auf der Terrasse" liebten. Das Urteil: Ist aus einem auf einer Terrasse stehenden Radio schallende Musik „deutlich wahrnehmbar", so kann der Nachbar verlangen, daß der Geräuschpegel gemindert wird. Wie sich daraufhin die beiden Streithähne geeinigt haben, ist nicht überliefert.

(Oberlandesgericht München – AZ: 25 U 1831/91)

Die Frösche

Teichbewohner als Lärmquelle

Kläger
Gotthard Kramm schreibt über die Liebe. Inzwischen hat er allerdings sein lyrisches Ich verloren – schuld daran sind ausgerechnet Frösche.

Beklagter
Antonio Dolmetta meint, Froschgequake sei wie Liebeszauber! Die „Männer" quaken so laut sie können, damit die „Frauen" sie erhören!

An einem lauen Abend im April sitzt der Schriftsteller Gotthard Kramm über seinem neuesten Oeuvre „Der stumme Schrei im Abendwind" als er plötzlich mit ohrenbetäubendem Lärm konfrontiert wird. Kramm wohnt in Lochhausen, einem kleinen Ort nahe

München. Sein Grundstück liegt am Rand eines Baugebiets und öffnet sich zur freien Landschaft mit einem Bach und diversen Feuchtwiesen.

In dieser frühen Dämmerstunde nimmt alles seinen Anfang. Erst vernimmt Kramm nur vereinzelt ganz ungewöhnliche Töne. Der Lärmpegel steigt jedoch von Minute zu Minute, bis aus der anfangs moderaten Geräuschkulisse schließlich ein grauenhaft-lautes Konzert geworden ist. Frösche! Nach ungefähr einer Viertelstunde herrscht wieder Stille. Zuerst glaubt Kramm an einen Scherz. Aber gerade als er sich wieder seinem Roman zuwenden will, fängt alles von vorne an. Wutentbrannt rennt er durch den Garten zu seinen Nachbarn, den Dolmettas. Kein Zweifel, das Konzert kommt von deren Teich, der nur ein paar Meter von seinem Arbeits- und Schlafzimmerfenster entfernt liegt. Bislang haben die Dolmettas ihn nicht weiter gestört, obwohl es im Nachbarhaus manchmal schon etwas laut zugeht. Durchdringend klingt vor allem Frau Dolmettas Stimme, wenn sie mit ihren Kindern oder ihrem Mann schimpft.

Die Dolmettas sitzen an diesem Abend einträchtig auf der Terrasse beim Abendessen. Ohne zu grüßen und sehr erregt verlangt Kramm von Herrn Dolmetta, den Lärm sofort abzustellen: „Hören Sie auf damit. Lassen Sie die Frösche schweigen!", fordert er zornbebend. Dolmetta lächelt freundlich, was Kramm nur noch wütender macht, und führt besänftigend aus, daß dies doch kein Lärm sei, sondern ganz zauberhafter Gesang: „Die Frösche singen nur für die Liebe! Schließen Sie Ihre Augen und genießen Sie es. Es ist so wunder-, wunderschön. Sind Sie nicht auch ein Mensch der Lyrik? Denken Sie dabei an Italia – an den Sand, das Meer und die Sonne. Dazu die Frösche. Ah, fantastico!" Kramm fühlt sich provoziert und schimpft immer weiter: „Ich bin Schriftsteller! Aber bei diesem entsetzlichen Lärm verliere ich all meine kostbare Inspiration! Warum züchten Sie nicht Goldfische in Ihrem Tümpel!" Dolmetta bleibt ruhig und freundlich, bietet dem erregten Kramm sogar etwas von der hausgemachten Pasta an, die seine Giacomina täglich frisch zubereitet. Doch Kramm nimmt das gar nicht wahr, sondern wird nur noch wütender. Offensichtlich – denkt sich Dolmetta – fehlt diesem Menschen, diesem „Kretino", jegliche Beziehung zur wunderbaren Natur. Wie kann man diesen herrlichen Gesang als grauenhaft bezeichnen? Wie kann so ein Mensch von der Liebe schreiben, wenn er nicht einmal die Sprache der Frösche versteht?

Von heute auf morgen waren die lieben Tiere plötzlich da. An Dolmettas Teich scheint es ihnen ausgezeichnet zu gefallen. Der italienische Gemüsegroßhändler, der vor 20 Jahren sein ligurisches Dorf verlassen hatte, um im Münchener Gemüsegroßhandel sein Geld zu machen, ist begeistert. Endlich heimatliche Klänge! Was für ein Geschenk der Natur! Welch blendende Idee von ihm, den Bach hinter seinem Grundstück zu nutzen, um einen Weiher anzulegen. Völlig vorschriftsmäßig hatte er sich beim Umweltreferat um die Erlaubnis einer Gewässereinleitung bemüht und sie nach Prüfung durch die Behörde erhalten.

Auch am nächsten Abend fängt das Konzert an Dolmettas Teich wieder pünktlich an. Im Verlauf der folgenden Wochen spielt sich nun die immer gleiche Szene ab: Kramm erscheint wutentbrannt bei seinen Nachbarn und verlangt die Entfernung der lärmenden Tiere.
Seitdem er hier wohnt, also seit über 20 Jahren, arbeitet Kramm zu Hause und das immer am Abend. Sein Biorhythmus ist nun mal auf Kreativität ab 20 Uhr ausgerichtet. Seine Phantasie wird erst dann besonders angeregt, wenn die Sonne untergeht und sich das Zwielicht sanft seinen Weg durch die Blätter der Trauerweiden vor seinem Fenster bahnt. Doch das ist auch die Stunde der Frösche, die ausgerechnet dann am lautesten quaken.

Mit einem von ihnen hatte sich Antonios Tochter Elisa besonders angefreundet. Dieser kleine freche Frosch hörte auf den Namen Lupo. Für Dolmetta selbst sehen zwar alle Frösche gleich aus, aber Elisa, seine Lieblingstochter, schwörte darauf, Lupolino immer erkennen zu können, da nur dieser einen einzigen schwarzen Fleck auf seinem grünen Rücken hatte.
Doch heute morgen fand Antonio Dolmetta seine kleine Elisa schluchzend am Weiher. In ihrer zarten Hand hielt sie Lupolino. Tot, zerschmettert! Für Dolmetta steht fest: Das kann nur Kramm gewesen sein.

Assassino! Mörder! Gestern Abend waren sie nicht zu Hause gewesen, und ihre Abwesenheit hatte Kramm offensichtlich dazu benutzt, das arme Tier zu töten. Wer sonst sollte es gewesen sein? Der ligurische Gemüsegroßhändler ist bereit, vieles zu ertragen, denn man muß die Menschen nehmen wie sie sind. Davon ist er überzeugt. Und wenn einer das braucht, daß er jeden Abend schimpft, bitte! Was soll man da machen? Aber nun war Kramm zu weit gegangen. Während Dolmetta versucht, seine verzweifelte Lieblingstochter zu trösten, läuft seine Giacomina mit dem toten Lupo in der Hand zu Kramm hinüber.

Frau Dolmettas Geschrei schreckt Kramm aus dem Schlaf. Die ansonsten doch eher friedfertige Italienerin steht direkt unter seinem Schlafzimmerfenster, hat irgend etwas Grünes in der Hand, das er nicht erkennen kann und schreit ganz fürchterlich. Da es italienisch ist, kann Kramm sie nicht verstehen, aber freundlich klingt es nicht. Das ist endgültig zuviel! Kramm eilt zum Telefon und ruft die Mitwohnzentrale „Loft" an. Glücklicherweise hat man dort für ihn Verständnis. In drei Tagen kann er seine Eigentumswohnung in der Innenstadt beziehen, denn die geplante Vermietung an einen Lohnschlächter kann eben noch verhindert werden.

Doch auch in seiner Stadtwohnung kommt Kramm mit dem Schreiben nicht voran. Er ist mit dem neuen Roman bei seinem Verleger schon im Verzug. Ihm fällt nichts mehr ein, keine Romantik, gar nichts. Kramm ist verzweifelt. Sein neues Domizil liegt gegenüber dem Schlachthof. Wie soll er sich in dieser deprimierenden Nachbarschaft Liebesgeschichten ausdenken? Er schreibt schließlich keine Tierarztromane.

Der Schriftsteller fährt täglich zu seinem Anwesen in Lochhausen, immer mit dem inständigen Wunsch, die Frösche mögen endlich weg sein. Aber die grünen Teichbewohner quaken munter weiter.
Am Abend des 21. Mai, einem Freitag, geht er begleitet vom Lärm der Tiere noch ein letztes Mal zu den Dolmettas. Diesmal ist der italienische Nachbar überhaupt nicht freundlich und lädt ihn auch nicht zur

Pasta ein. Er macht nur eine kurze, scharfe Handbewegung an seinem Hals entlang, so als ob er Kramm die Kehle durchschneiden will. Dazu ruft er laut: „Assassino!"

Kramm bekommt es nun mit der Angst zu tun, jetzt will man ihm offensichtlich an den Kragen. Er reicht Klage ein, allerdings nicht ohne zuvor zur Beweissicherung das Gequake der Frösche auf seinem alten Kassettenrekorder aufzunehmen.

Der Fall aus juristischer Sicht:

Jeder darf seinen Garten so anlegen, wie er es will. Das gewährt nicht nur die allgemeine Handlungsfreiheit (Artikel 2 Grundgesetz), sondern auch der Schutz des Eigentums (Artikel 14 Grundgesetz). Dazu gehört auch die Freiheit, einen Teich anzulegen. Sobald sich dort allerdings Tiere ansiedeln, die wie Frösche störende Geräusche verbreiten, kann es zum rechtlichen Konflikt mit den Nachbarn kommen. Denn die können sich unnötig störende Lärmbelästigungen, die auf ihr Grundstück einwirken, nach §§1004, 906 BGB verbitten.

Und so urteilt das Gericht:

Die Klagen auf Lärmbelästigung und Schadenersatz werden abgewiesen.
Die Kosten des Rechtsstreits trägt der Kläger.

Die Klage kann keinen Erfolg haben.
Dem Kläger steht wegen des „Froschlärms" weder ein Unterlassungsanspruch, noch ein Anspruch auf finanziellen Ausgleich gemäß §906 BGB zu.
Zwar kann der Beklagte keinen Anspruchsausschluß wegen nachteiliger Wirkungen aus der ihm genehmigten Teichanlage gegenüber dem Kläger gemäß §11 WHG einwenden, weil er nur eine „Erlaubnis" und nicht eine „Bewilligung" (nach

Landesrecht teilweise als „gehobene Erlaubnis") von der Wasserbehörde erhalten hat. Und es kann offenbleiben, ob der „allgemeine Schutz wildlebender Tiere und Pflanzen" sowie der „allgemeine Biotopschutz" nach dem Naturschutzgesetz einer Trockenlegung des Teiches und/oder einer Entfernung der Frösche (nur diese Maßnahmen stehen für die fragliche Lärmbeseitigung zur Verfügung) entgegenstehen, so daß der Beklagte zunächst einmal einen Befreiungsantrag bei der Naturschutzbehörde stellen müßte. Denn der Lärm der Frösche ist im vorliegenden Falle ortsüblich. Die Grundstücke der Parteien liegen am offenen Land, außerdem an einem Bach und im übrigen am Rand von Feuchtgebieten. Naturgemäß siedeln sich an einer solchen Örtlichkeit Amphibien wie die Frösche an. Dazu bedarf es nicht erst der Anlegung eines Teiches. Der entstehende Froschlärm gehört insoweit zur Natur, wie das Vogelgezwitscher zu den Büschen und Bäumen. Der jahreszeitlich (Ende März bis Mitte Juni) und nur stundenweise (am Abend) entstehende Froschlärm muß in solchen Gegenden hingenommen werden. Wie sich das Gericht durch Abhören des vom Kläger aufgenommenen Tonbandes überzeugt hat, ist der Froschlärm nicht heftiger als das bereits erwähnte, teilweise grelle Vogelgezwitscher.

Der Kläger kann nach Sachlage auch keinen finanziellen Ausgleich dafür verlangen, daß der Beklagte die Entstehung des Froschlärms durch die Anlage des Teiches begünstigt hat, aber den Teich behalten will. Denn der Kläger ist daraus nur in zumutbarer Weise beeinträchtigt. Das Quaken der Frösche könnte ihn bei verständiger Hinnahme genausogut romantisch inspirieren wie die Abendstille. Wenn er aber die Frösche nicht hören will, dann mag er vorübergehend das Fenster schließen. Soweit er wirklich finanzielle Nachteile der behaupteten Art gehabt hat, gehen sie auf seine gekünstelte Übersensibilisierung und nicht auf die Eigenart des Lärms zurück.

Was lief hier rechtlich ab?

Durfte Antonio Dolmetta die Froschansiedlung an seinem Teich fördern? Und mußte er dafür sorgen, daß die Frösche wieder verschwinden, wenn ihr Konzert zu aufdringlich wurde?

Die Antworten darauf sind eindeutig: Dolmetta durfte den Teich anlegen. Da sein Grundstück benachbart zum Bach und zu Feuchtgebieten liegt, war es zwar absehbar, daß sich am Teich Frösche ansiedeln, dennoch ist das Quaken keine Lärmquelle, die Dolmetta anzulasten ist. Anders etwa als bei einem Haustier, hat er nämlich keinen Einfluß darauf, wann und wie laut die Frösche quaken.

Wie wurde der Rechtsstreit beigelegt?

Bei solch verschiedenen Temperamenten wie hier war an eine gütliche Einigung offenbar nicht zu denken. Deshalb ging Gotthard Kramm vors Amtsgericht und klagte.

- Inhalt der Klage: Beseitigung der Frösche, um die Lärmimmission auf Kramms Grundstück zu unterbinden (§§1004, 906 BGB).
- Streitwert: Der Streitwert wurde hier vom Amtsrichter festgelegt, er betrug 1 500 DM.
- Kosten: Sobald beide Seiten einen Rechtsanwalt beauftragen, fallen dafür insgesamt 997,60 DM an. Die Gerichtskosten beliefen sich auf 270 DM plus eventueller Kosten für Zeugen und Sachverständige. Insgesamt betrugen die Kosten dieses Nachbarschaftsstreits also mindestens 1 267,60 DM.
- Prozeßrisiko: Die Chancen für Gotthard Kramm hingen entscheidend davon ab, ob der Amtsrichter im Quaken der Frösche eine unzumutbare Lärmquelle sah und ob Antonio Dolmetta dafür verantwortlich gemacht wurde, weil er den Fröschen mit dem Teich erst eine richtige Balzumgebung

geschaffen hat. Bezogen auf die Umgebung kann der Richter jedoch das Verhalten der Frösche nicht Dolmetta anlasten, was bedeutet, daß Gotthard Kramm den Prozeß verlor und alle Kosten (siehe oben) bezahlen mußte.

Vergleichsurteile

Frösche dürfen quaken – auf dem Land
Dem Fall „Kramm/Dolmetta" vergleichbar war ein Streit, der vor dem Oberlandesgericht Schleswig ausgetragen wurde. Ein Hobby-Landwirt, der in seinem Garten einen Froschteich angelegt hatte, sollte das Biotop wieder trockenlegen. Ein Anwohner hatte sich über den Lärm der quakenden Frösche beschwert. Vor Gericht fand der Ärger des „Bequakten" allerdings keine offenen Ohren. Die Richter empfanden die Störungen durch die Frösche als hinnehmbar, weil die beiden Streitenden in einer ländlichen Gegend lebten. Dort müßten Geräuschbelästigungen durch das Quaken von Fröschen aus einem Teich des Nachbargrundstücks als „ortsüblich" hingenommen werden.
(Oberlandesgericht Schleswig – AZ: 5 U 202/84)

Wenn Frösche zu laut quaken, müssen sie umziehen
Daß Streit um Frösche nicht nur Gerichte unterer Instanzen beschäftigen, zeigt der Fall eines Hauseigentümers, der einen Froschteich angelegt hatte, dies allerdings in einem reinen Wohngebiet. Der Nachbar fühlte sich durch die Geräuschentwicklung beim Froschliebhaber so gestört, daß der Fall schließlich vom Bundesgerichtshof in Karlsruhe entschieden werden mußte. Dort wogen die Argumente des Besitzers, er habe den Froschteich mit behördlicher Genehmigung angelegt, nicht so schwer wie die des Nachbarn, der angab, im Sommer kaum Ruhe zu finden, wenn er es wünschte. Dies gelte, so die höchsten Zivilrichter, selbst dann, wenn der Teich von der Kommune in die Biotopkartierung aufgenommen worden sei – falls die Störungen

wesentlicher seien als die Einhaltung des Naturschutzrechts. Der Froschteich mußte „verlegt" werden.
(Bundesgerichtshof – V ZR 82/91)

Ohne „Männer" ist Ruhe am Teich

Einen kuriosen Fall hatte das Landgericht in Lüneburg zu verhandeln. Dort ging es ebenfalls um einen Froschteichbesitzer, der von einem genervten Nachbarn dazu bewegt werden sollte, den Teich wieder abzuschaffen. Auch dieser Disput ging vor Gericht. Es teilte die Auffassung des „Lärmgeplagten" und trug dem Teichbesitzer auf, die männlichen Frösche zu entfernen. Schließlich seien sie es allein, die des Quakens fähig seien. Daß es nicht feststellbar ist, welche Frösche männlich und welche weiblich sind, berücksichtigten die Richter allerdings nicht – mit dem Ergebnis, daß der Besitzer wohl alle Tiere wegschaffen mußte...
(Landgericht Lüneburg – AZ: 1 T 184/85)

Einfach „gequakt" ist hinnehmbar

Daß es sich nicht immer nur um ganze Froschfamilien oder Froschteiche handeln muß, die Menschen vor Gericht bringen, zeigt folgender Fall, in dem es ein einzelner Grünrock schaffte, Justitias Mühlen mahlen zu lassen. Der war dem Nachbarn eines Froschbesitzer schlicht und einfach zu laut. Und obwohl das zarte Sologequake nur geringe Phonstärke erreichte, sahen sich die beiden Parteien vor dem Richter wieder. Der fällte schließlich einen klaren Spruch: „Das Gequake eines einzelnen Froschs im Garten muß von den Nachbarn hingenommen werden."
(Amtsgericht Staufen – AZ: 2 C 413/89)

Hausüberschwemmung geht zu Lasten des Gärtners

Auch die „Behausungen" der Frösche waren im Rahmen nachbarlicher Streitigkeiten schon Gegenstand von Verhandlungen. So im Fall des Gärtners, der im Garten eines Hauses einen Teich anlegte. Das brachte auch keine Probleme – bis sich einmal infolge sehr starken Regens das nasse Element seinen Weg in Richtung Hauswand bahnte. Der Hausbesitzer war über die Schäden, die das Wasser an seiner Wand anrichtete, nicht erfreut und reichte die Rechnung für die Reparatur direkt an den Gärtner weiter. Zu Recht, entschied das Oberlandesgericht Köln. Der Gärtner hätte beim Errichten des Teichs die mögliche „Fließrichtung" des Wassers berücksichtigen müssen und ist für die Folgen einer Überschwemmung schadenersatzpflichtig.

(Oberlandesgericht Köln – AZ: 13 U 171/93)

Der nackte Mann
Fehlende Kleidung als öffentliches Ärgernis

Kläger
Stefan Limmer meint, Nacktsein sei eine Provokation.

Beklagter
Walter Hetzler ist überzeugter Anhänger einer freien Körperkultur: „Ich schlafe nackt, ich koche nackt, ich esse nackt – und ich mache auch meine Tai-Chi-Übungen nackt im Garten."

Walter hatte Glück. Der alleinstehende 30jährige Barkeeper, überzeugter Anhänger der Freikörperkultur, konnte im vergangenen Sommer ein Apartment mit Garten mieten. Diese Wohnung befindet sich im Souterrain eines Mietshauses und hat Zugang zu einem kleinen Innenhof, den er alleine nutzen darf. In diesem Garten, der durch eine hohe Hecke von der Straße sichtgeschützt ist, pflegt Walter sich bei jedem Wetter nackt aufzuhalten und seinen Körper zu sonnen. Auch seine Urlaube verbringt er nur an Orten, an denen Kleidung verpönt ist und wo er Tag und Nacht nackt herumlaufen kann.

Walter ist der Ansicht, Nacktsein sei ein ursprünglicher, natürlicher Zustand, und er findet es unmenschlich, Menschen in der Öffentlichkeit Kleidung aufzuzwingen. Er hält die Gesellschaft, in der wir leben, für körperfeindlich und den Umgang mit Nacktheit für heuchlerisch. Für ihn hat Nacktsein nicht nur mit Sex zu tun, sondern mit Körperbewußtsein.

Deshalb hatte Walter schon mehrfach den Versuch unternommen, auch außerhalb seines Wohnbereichs ohne Kleidung aufzutreten. Er liebte es, nur mit Schuhen bekleidet durch den Park zu joggen oder sich gänzlich entblößt in öffentlichen Schwimmbädern zu sonnen, da er großen Wert auf eine nahtlose Ganzkörperbräune legt. Aber nach nicht mal ganz einer Runde im Park wurde er von zwei Polizisten angehalten, die ihm bedeuteten, daß nacktes Joggen eine strafbare Ordnungswidrigkeit sei. Im Freibad riß es den Bademeister von seinem Hochsitz am Schwimmbeckenrand, als er Walter mit entblößtem Gemächt aus dem Wasser steigen sah. Ihm wurde dringend zum umgehenden Anlegen einer Badehose geraten, um einen Rausschmiß zu vermeiden. Inzwischen hat Walter den ungezwungenen Umgang mit seiner Nacktheit, abgesehen von den Urlaubsreisen, in die eigenen vier Wände verlegt.

Seitdem er die neue Wohnung und den einsamen Garten hat, kann Walter glücklicherweise auch zu Hause nackt Sport treiben. Jeden Morgen vor dem Frühstück macht er Körperübungen. Dabei bevorzugt er solche aus dem chinesischen Tai-Chi, die er, wie alles innerhalb seiner Privatsphäre, grundsätzlich unbekleidet abhält. Es ist eine Choreographie aus konzentrierten, fließenden, zeitlupenartigen Bewegungen, die einem strengen Rhythmus unterliegen. Die Übungen des Tai-Chi verschaffen Walter endlich den ersehnten Einklang von Körper und Geist und geben ihm innere Stärke, Ausgeglichenheit und Ruhe.

Ganz konzentriert auf sich und sein meditatives Hobby, fällt Walter nicht auf, daß er beobachtet wird.

Bewundernd sieht Ingrid Limmer den harmonisch fließenden, kontrollierten Bewegungsabläufen zu, die Walter direkt vor ihrem Küchenfenster absolviert. Der nackte Mann im Garten nebenan hat einen makellosen Körper ohne ein Gramm Fett. Die 38jährige Lehrerin kann ihre Begeisterung kaum verbergen. Anstatt es jedoch bei Bewunderungsrufen zu belassen, zieht sie Vergleiche mit dem dicklichen Körper ihres eigenen Mannes, der sich, zerzaust und noch müde, in seinem alten Bademantel auf nichts mehr als sein Frühstücksritual freut, bei dem er vor dem Fenster in der Küche in Ruhe seine Zeitung liest. Jetzt tritt auch er jedesmal neugierig ans Fenster und schüttelt immer wieder den Kopf über die affektierten und lächerlichen Übungen von diesem „nackten Affen".
Die kleine Carola will wissen, was ihre Eltern vom Fenster aus beobachten. Doch sie kann den nackten Walter nicht sehen, denn bei ihrer Größe reicht sie mit ihrem Kopf nur bis zur Fensterbank, und von dieser Position kann das kleine Mädchen nicht in den Nachbargarten hinunterblicken.

Widerwillig muß Stefan Limmer feststellen, daß doch eine immer stärker werdende Eifersucht gegen den nackten Nachbarn in ihm aufkommt. Denn wenn Carola nicht hinhört, kommentiert Ingrid mittlerweile mit unverhohlener Bewunderung dessen erotische Ausstrahlung. Dabei dachte der 38jährige leicht untersetzte Oberstudienrat für Mathematik und Physik bislang, er wäre frei von solch niederen Gefühlen. Doch er sieht sich getäuscht und macht den nackten Konkurrenten im Garten dafür verantwortlich, daß Ingrid sich immer abfälliger über seinen Bauchansatz und die kleinen Fettpölsterchen, die er nicht los wird, äußert.

Seit neun Jahren sind Stefan und Ingrid bereits verheiratet. Schon damals zeigte Stefan erste Tendenzen eines peniblen Charakters, doch Ingrid interpretierte dies als verantwortungsbewußte Lebensplanung.

Erst nach Carolas Geburt begann Stefan sich verstärkt gegen das Chaos, das das Kind in die Wohnung brachte, aufzulehnen. Seitdem unterzieht er seinen Lebensrhythmus strengen, methodischen Regeln. Immer mehr zog er sich in die Welt der Zahlen und Formeln zurück und überließ es seiner Frau, sich mit den niederen Mühen des Alltags auseinanderzusetzen. Dabei legte Stefan eine mehr und mehr körperfeindliche Haltung an den Tag. Während er früher Ingrids sportliche Begeisterung teilte, mit ihr zusammen durch den Park joggte und gemeinsame Skiurlaube machte, lehnt er Sport und körperliche Betätigung mittlerweile ab.

Darunter leidet auch ihr Liebesleben, das unter Stefans reglementierter Terminplanung zu einer einmal wöchentlich stattfindenden Routine verkommen ist, die Ingrid nur aus Gründen der Gewohnheit über sich ergehen läßt. Dies hat allerdings zur Folge, daß die vitale und alerte Ingrid zunehmend frustrierter und gereizter geworden ist und Stefan bei vielen Gelegenheiten seine Spießigkeit und sein mangelndes Körperbewußtsein vorwirft. Insbesondere weist sie ihn gern bei jeder passenden Gelegenheit auf seine überflüssigen Pfunde hin. Sie weiß genau, daß sie damit Stefans wunden Punkt trifft, denn ein außer Kontrolle geratenes Körpergewicht widerspricht seinem Ideal vom exakt reglementierten Leben. Trotz aller Diätbemühungen gelingt es Stefan aber nicht, seine Gewichtszunahme in den Griff zu kriegen.

Stefan findet Namen und Adresse des Bewohners des Gartenapartments heraus und schreibt dem Nacktturner einen drohenden, anonymen Brief, in dem er ihn als „perverse Sau" beschimpft und ihn auffordert, den „Schweinkram" in seinem Garten sofort einzustellen, sonst werde er es mit der Sittenpolizei zu tun kriegen. Damit hofft er, seinem Nachbarn Walter Hetzler genügend Angst zu machen, um dessen vermeintlichen Exhibitionismus für alle Zukunft zu unterbinden.

Die Ruhe, die Walter mit seinen neuen Tai-chi-Übungen findet, wird empfindlich gestört, als er eines Morgens Anfang September in seinem Briefkasten Stefan Limmers anonymes Schreiben vorfindet. Walter zerreißt den Brief und schmeißt ihn weg, ohne sich weiter darum zu kümmern. Unverdrossen führt er sein morgendliches Training durch und bleibt dabei selbstverständlich nackt.

Als Stefan jedoch sieht, daß Walter wider Erwarten unbeeindruckt bleibt und seine Übungen fortsetzt, fühlt er sich gezwungen, zu härteren Maßnahmen zu greifen. Über die nächsten Wochen ruft er Walter mehrmals anonym mit verstellter Stimme an, indem er ein Taschentuch über den Telefonhörer preßt, um ihn dann auf unflätige Weise zu beschimpfen. Er tituliert Walter als „perversen Exhibitionisten" und fordert ihn auf, seine obszönen Gartenspielchen sofort einzustellen. Doch Walter läßt sich nicht einschüchtern: „Geiler Spanner!", schimpft er zurück. Dann hängt er den Telefonhörer ein, ohne sich weiter darum zu kümmern.

Weil auch seine Anrufe nicht zu dem gewünschten Erfolg führen, beschließt Stefan Limmer, Walter persönlich aufzusuchen. Vor dem Eingang zu seinem Mietshaus wird Walter von dem Oberstudienrat angesprochen. Stefan stellt sich ihm als Nachbar vor, der im gegenüberliegenden Gebäude wohnt. Er erklärt Walter, daß er von seinem Küchenfenster aus einen direkten Blick in seinen Garten habe und sich durch den Anblick von Walters morgendlichen nackten Gymnastikübungen bei seinem Frühstück gestört fühle. Zudem habe er eine siebenjährige Tochter, die er davor bewahren wolle, jeden Morgen die obszönen Bewegungen eines nackten Mannes beobachten zu müssen. Stefan fordert Walter auf, sich doch etwas überzuziehen, wenn er seine Übungen abhalte, da er sich schließlich nicht auf einem FKK-Gelände befinde. Als Walter dies unter dem Hinweis auf seinen privaten Garten ablehnt und erklärt, daß seine Tai-Chi-Übungen keinesfalls obszön seien und seine Nacktheit ein natürlicher Zustand wäre, vor dem man Kinder nicht beschützen müsse, weist Stefan ihn darauf hin, daß zum einen dieser Garten nicht sein Eigentum ist, sondern zum Mietshaus gehöre und es zum anderen keinesfalls üblich sei, nackt im Garten herumzulaufen. Er beschuldigt Walter des Exhibitionismus und unterstellt ihm ein perverses Vergnügen daran, seinen nackten Körper in obszönen Verrenkungen zur Schau zu stellen. Walter wirft Stefan vor, die anonymen Anrufe getätigt und den Brief geschrieben zu haben, und beschimpft ihn als verklemmten Spießer und dreisten Voyeur. Stefan erklärt, daß er nichts dergleichen getan habe und verweist Walter darauf, daß diese Anrufe nur der Beweis dafür sind, daß auch noch andere Nachbarn sich an seinen exhibitionistischen Auftritten zu stören scheinen. Außerdem schaue er nicht absichtlich in Walters Garten, sondern er habe diesen Garten beim Frühstück in seinem Blickfeld und sehe nicht ein, warum er sich die Aussicht ins Grüne mit dieser Peep-Show verderben lassen solle. Stefan droht Walter, daß er ihn wegen Erregung öffentlichen Ärgernisses anzeigen werde, wenn er ihn noch einmal nackt in seinem Garten sehen würde.

Als Walter, der sich durch diese Drohungen nicht einschüchtern läßt, seine Nacktübungen auch weiterhin fortsetzt, wird er einige Zeit später von Stefan auf Unterlassung seiner exhibitionistischen Handlungen verklagt. Als Begründung führt er an: „Seit der Beklagte im Spätsommer vorigen Jahres in die unserem Haus gegenüberliegende Souterrainwohnung gezogen ist, veranstaltet er in dem vor dieser Wohnung liegenden, frei einsehbaren Garten jeden Morgen ein anstößiges exhibitionistisches Schauspiel. In Blickweite all seiner Nachbarn zeigt sich Walter Hetzler gänzlich nackt und vollführt dabei obszöne Bewegungen. Durch diesen mir aufgezwungenen Anblick fühle ich mich jeden Morgen empfindlich in meinem Wohlbefinden gestört. Vor allem aber bin ich um das Wohlergehen meiner kleinen Tochter besorgt, deren Entwicklung durch die perversen Verrenkungen dieses Exhibitionisten nachhaltigen Schaden erleiden könnte."
Kurz und bündig setzt Walter Hetzler diesen Vorwürfen in seiner Klageerwiderung entgegen: „Stefan Limmer geht es nicht das Geringste an, was ich in meinem privaten Garten mache."

Der Garten gehört zwar zum Mietshaus und ist nicht das Eigentum Walter Hetzlers. Doch anhand seines Mietvertrags kann der Beklagte vor Gericht nachweisen, daß außer ihm keiner der anderen Mieter ein Nutzungsrecht hat. Damit ist der Einwand Stefan Limmers entkräftet, daß Walter Hetzler auf einem Grundstück, das ihm nicht gehört auch nicht nach Lust und Laune seine Übungen abhalten darf. Eine Skizze beweist außerdem, daß der Garten durch eine hohe Hecke sichtgeschützt ist. Stefan Limmer versucht dieses Argument zu entkräften, denn schließlich wohnt er im ersten Stock und aus dieser Höhe bietet die Hecke keinen Schutz mehr.

Im weiteren Verlauf der Verhandlung wird die Ehefrau Stefan Limmers als Zeugin vorgeladen. Während dieser Befragung stellt sich heraus, daß die Tochter gar nicht sehen kann, was sich im Garten gegenüber abspielt, weil die Siebenjährige noch viel zu klein ist, um sich eigenständig aus dem Fenster zu lehnen und das Geschehen draußen zu beobachten. Bevor das Gericht sich zur Beratung zurückzieht, gibt Stefan Limmer noch zu bedenken, daß es doch völlig unerheblich sei, ob seine Tochter einen unmittelbaren Einblick hat oder nicht, entscheidend sei, daß der Beklagte in seinem nackten Zustand nun mal eine latente Gefahr für das Wohlergehen des Kindes darstelle.

Der Fall aus juristischer Sicht:

Wer außerhalb seiner vier Wände nackt auftritt und dies nicht gerade auf einem ausgewiesenen oder von der Polizei geduldeten FKK-Gelände macht, kann sich viel rechtlichen Ärger einhandeln, auch wenn damit kein sexuell motiviertes Ziel wie bei Exhibitionismus verfolgt wird. Denn bereits nach §118 Ordnungswidrigkeitengesetz kann mit Bußgeld belegt werden, „wer eine grob ungehörige Handlung vornimmt", und nach der gängigen Moralvorstellung gehört dazu auch, nackt durch die Gegend zu spazieren. Anders liegt der Fall freilich, wenn sich der Nackte auf seinem Grundstück aufhält, es gar nicht darauf anlegt, nackt gesehen zu werden, aber gleichwohl so von Nachbarn beobachtet wird. Hier greift der erwähnte §118 in der Regel nicht, weil nicht die Allgemeinheit belästigt wird. Doch der Nachbar könnte noch auf die Idee kommen, das Nacktsein als ästhetische Immission zu betrachten, als moralische Luftverschmutzung sozusagen. Ob das rechtlich durchsetzbar ist?

Und so urteilt das Gericht:

Die Klage wird abgewiesen
Der Kläger trägt die Kosten des Rechtsstreits.

Die Klage kann keinen Erfolg haben.
Dem Kläger steht ein nachbarrechtlicher oder gar deliktischer Anspruch auf Beseitigung der von ihm beanstandeten Störung (§§1004 und 896, sowie 826 BGB) nicht zu. Die wie auch immer zu beurteilenden nackten Leibesübungen des Beklagten im einsehbaren Garten bedeuten einerseits nur eine unerhebliche ästhetische Immission, zum anderen ist nicht etwa dargetan oder gar ersichtlich, daß der Beklagte seine nackten Aktivitäten exhibitionistisch bewußt darauf abstellt, vom Beklagten und dessen Familie in unbekleidetem Zustand wahrgenommen zu werden (Gedanke des §183 StGB).
Andererseits bleibt es dem Kläger nach Sachlage unbenommen, von der zuständigen Ordnungsbehörde prüfen zu lassen, ob ein ordnungswidriger Zustand entsprechend §§118 und 119 OWiG (Belästigung Allgemeinheit/anstößige und belästigende Handlungen) durch das nackte Auftreten des Beklagten und damit eine Störung der öffentlichen Ordnung, gegen welche eingeschritten werden muß, geschaffen wird.

Was lief hier rechtlich ab?

Walter Hetzler nutzt den Garten seiner Mietwohnung auch, um seine Sportübungen unbekleidet zu machen. Da der Garten allerdings einsehbar ist und Hetzler einen Nachbarn hat, den das stört, war zu klären, wer hier welche Rechte hat.

- So darf sich Walter Hetzler nicht auf öffentlichem Gelände nackt zeigen, denn hier kann die Polizei wegen „Belästigung der Allgemeinheit" einschreiten.
- Erst recht darf er das Nacktsein nicht zur sexuellen Erregung nutzen, weil er sich sonst strafbar machen würde.
- Allerdings müssen aber auch die unmittelbaren Nachbarn des FKK-Anhängers nicht unbeschränkt diesen Anblick hinnehmen. Denn ähnlich wie bei Geräuschen und Gerüchen kann auch der ungehinderte Anblick auf einen Nackten störend empfunden und als ästhetische Emission aufgefaßt werden.

Limmers Prüderie

Durfte aber Stefan Limmer seinem Nachbarn deshalb verbieten, nackt im Garten zu meditieren, möglicherweise mit dem Hinweis auf seine Tochter?

Da Walter Hetzler weder eine Belästigung der Allgemeinheit und erst recht kein Exhibitionismus vorgeworfen werden konnte, konzentrierte sich alles darauf, wieviel Anblick ein Nachbar ertragen muß. Die Tochter spielte dabei keine Rolle, weil sie den nackten Limmer gar nicht sehen konnte.

Zu den brieflichen und telefonischen Attacken war Limmer jedenfalls nicht berechtigt. Wäre es Walter Hetzler gelungen, ihm die Urheberschaft dieser Anwürfe nachzuweisen, hätte er ihn durchaus wegen Beleidigung anzeigen können.

Doch der Streit zwischen Limmer und Hetzler konzentrierte sich aufs Nachbarrecht und hier standen freie Entfaltung des einen gegen Abwehr „nackter Tatsachen" des anderen.

Wie wurde der Rechtsstreit beigelegt?

Gütlich, so viel steht fest, war dieser Konflikt nicht beizulegen, denn solange Ingrid Limmer Walter Hetzler anhimmelte und ihren Mann damit reizte, Hetzler aber unbeirrt an seinem Nudismus festhielt, war kein Kompromiß in Sicht.

- Inhalt der Klage: Unterlassung des nackten Auftretens im Garten.
- Streitwert: Den Streitwert legte der Amtsrichter fest, hier beispielsweise auf 1 000 DM.
- Kosten: Falls beide Seiten einen Rechtsanwalt beauftragt hätten, wären dafür insgesamt 719,20 DM angefallen. Die Gerichtskosten beliefen sich auf 210 DM plus eventueller Kosten für Zeugen und Sachverständige. Insgesamt betrugen die Kosten dieses Nachbarschaftsstreits also mindestens 929,20 DM.
- Prozeßrisiko; Die Chancen für Stefan Limmer, seinem Nachbarn Walter Hetzler die nackten Tai-Chi-Übungen zu versagen, standen nicht gut. Denn Hetzler ermöglichte zwar den Blick in seinen Garten und damit auf seinen nackten Körper. Zum einen waren diese Auftritte aber zeitlich begrenzt, und zum anderen drängte er sich Limmer ja nicht auf. Vielmehr mußte Limmer etwas dafür tun, um sich über Hetzler zu ärgern, nämlich in dessen Garten schauen.
- Rechtsanwalt: Für diesen Rechtsstreit ließe sich jeder Rechtsanwalt einschalten. Gerade hier – wo so unterschiedliche Auffassungen aufeinanderprallten – wäre jedoch der Einsatz eines Mediators hilfreich gewesen. Adressen vermittelt zum Beispiel die Deutsche Anwaltsauskunft (Anhang, Seite 167).

Vergleichsurteile

 Strafe nur bei einer „optischen Beziehung"
Im Zusammenhang mit nackten Menschen in der Öffentlichkeit ist schnell von „Exhibitionismus" die Rede. Doch so einfach ist das nicht, wie ein Fall vor dem Oberlandesgericht in Düsseldorf zeigt. Dort hatte sich im Garten des Universitätsgeländes ein Mann in der Nähe einer weiblichen Studentin entblößt und befriedigt. Er sollte wegen Ex-

hibitionismus bestraft werden. Die Tatsache, daß er im Garten selbst Hand an sich legte, reichte aber noch nicht aus, um ihn wegen einer Straftat zu belangen. Vielmehr mußte ihm nachgewiesen werden, daß er eine „optische Beziehung" zu der Studentin angestrebt hat. Hat er jedoch nur mit der Möglichkeit der Beobachtung seines Tuns durch die Frau gerechnet, so lag keine exhibitionistische Handlung vor.
(Oberlandesgericht Düsseldorf – AZ: 5 Ss 409/97 13/98 I)

Wer sich auszieht, der muß ausziehen

Daß nicht alle von der „Frei-Körper-Kultur" so begeistert sind wie Walter Hetzler, zeigt auch folgender Fall, der vor dem Amtsgericht in Salzgitter verhandelt wurde. Dort war ein „Bodystyler" von seinem Körper nahezu hingerissen. Er hegte und pflegte sein „Kapital". Außerdem meinte er, daß sein Körper „atmen" müsse, weswegen er ihn selten bekleidete. Das tat er auch dann, wenn er die Wäsche aus dem Keller holte oder seinen Briefkasten leerte. Die Mitmieter trauten zunächst ihren Augen nicht. Doch als ihnen der Nackte fast täglich über den Weg lief, schalteten sie ihren Vermieter ein. Auch der konnte seinen Mieter nicht bekehren. So kündigte er ihm die Wohnung fristlos und gewann den vom Unbekleideten eingeleiteten Prozeß.
(Amtsgericht Salzgitter – AZ: 13 C 423/90)

Frustzwerge
Gartenschmuck ist Geschmackssache

Kläger
Herbert Wagner fühlt sich durch die nackten Zwerge seiner Nachbarin gekränkt. Er will, daß die barbusigen Scheußlichkeiten verschwinden.

Beklagte
Claudia Hansen versteht die Aufregung nicht. Sie beschwert sich über Herrn Wagners nächtliche Bohraktion.

Herbert Wagner und seine Frau trauen ihren Augen nicht. Eben noch haben die passionierten Hobbygärtner ihre Nachbarin gegrüßt, die mit einer Liege unter dem Arm die ersten warmem Sonnenstrahlen des Jahres genießen möchte. Nun müssen sie während ihrer

Gartenarbeit aus den Augenwinkeln beobachten, wie die junge Frau die Liege aufklappt, erst ihre Schuhe auszieht und dann auch noch das T-Shirt, unter dem sie nichts weiter anhat. „Barbusig in aller Öffentlichkeit", murmelt Herr Wagner fassungslos und bemerkt im ersten Moment gar nicht, wie vom Donner gerührt und mit offenen Mündern er und seine Frau die Nachbarin Claudia Hansen anstarren. Doch die läßt sich nicht aus der Ruhe bringen und macht es sich auf ihrer Liege bequem. Nach dem ersten Schrecken versucht Herbert Wagner, bewußt wegzusehen. Entsetzt überlegt er, ob dieser anstößige Anblick von draußen wahrzunehmen ist. Wie unangenehm wäre das, wenn die ganze Straße mitbekommen würde, welche Sitten in dem Reihen-Doppelhaus herrschen, das sich die Wagners mit Claudia Hansen teilen. Aber da ist glücklicherweise nichts zu befürchten. Das gesamte Grundstück ist von einer dichten Hecke umgeben, so daß es von außen nicht einsehbar ist.

Herr Wagner wohnt zusammen mit seiner Frau Verena seit fünf Jahren in München am Tulpenweg 4b. Seit er im Ruhestand ist, verbringt das Paar viel Zeit mit der Verschönerung des Hauses und der Pflege des Gartens. Es ist nicht nur ihr Haus, es ist ihr Zuhause. Wenn sie finanziell dazu in der Lage gewesen wären, hätten sie ein freistehendes Haus gekauft. Aber das war nicht drin. Also wählen sie die zweitbeste Lösung, eine Doppelhaushälfte. Sie informieren sich bei ihrem Einzug sehr genau, wer den anderen Teil kauft. Es ist ein alleinstehender Rechtsanwalt, der bei ihnen einen soliden und ruhigen Eindruck hinterläßt und außerdem viel beschäftigt ist, so daß man von dem Nachbarn fast nichts bemerkt. Leider zieht er nach fünf Jahren aus, weil er als Anwalt für eine deutsche Firma in die USA geht, und er vermietet die Wohnung an eine junge Frau, eben diese Claudia Hansen, die nun halbnackt im Garten liegt.

Die Wagners haben von Anfang an ein schlechtes Gefühl gehabt. Und in der Tat ist das Nacktbad nicht das erste Ärgernis, seitdem die angeblich freischaffende Künstlerin vor einigen Wochen die andere Doppelhaushälfte gemietet hat. Schon beim Einzug zeigt sich, daß man es offensichtlich mit einer rücksichtslosen Person zu tun hat. Auch nach 20 Uhr ist noch Poltern und Lärm zu hören. Herr Wagner beschließt, gleich von Anfang an solchen Regelverletzungen entgegenzutreten. Er spricht Claudia Hansen noch an diesem Abend an. Sie versichert, daß nur noch ein paar Teile hineinzutragen sind und sie versuchen werde, leise zu sein. Aber schon zwei Wochen später gibt es erneut Anlaß zur Klage, als Claudia Hansen mit zahlreichen Gästen eine lautstarke Einweihungsparty feiert. Die Wagners sind deshalb fest entschlossen, Claudia Hansen auch wegen des barbusigen Sonnenbades zur Rede zu stellen. Schließlich sind die beiden Gärten nur durch einen schlichten Maschendraht voneinander getrennt. Undenkbar, wenn man mal gerade Besuch hätte und dieser mit dem anstößigen Benehmen der Nachbarin konfrontiert würde – an Peinlichkeit nicht mehr zu überbieten.

Doch die junge Frau reagiert eher belustigt, als Herbert Wagner sie am nächsten Morgen anspricht: „Aber Herr Wagner, Sie haben doch selbst eine Frau zu Hause. So was haben Sie doch schon mal gesehen", sagt sie in Anspielung auf ihre nackten Brüste vom Vortag. Das macht Herbert Wagner erst richtig wütend. Er attackiert Frau Hansen: „Ich glaube, Sie haben kein Benehmen. Sie laufen in aller Öffentlichkeit nackt herum und verspotten dann auch noch anständige Leute." Doch Frau Hansen provoziert ihn weiter: „Schönen Tag noch, Herr Wagner. Ich bin am Nachmittag aus der Galerie zurück, dann werde ich wieder ein wunderbares Sonnenbad nehmen."

Claudia Hansen hat in München Grafikdesign studiert, betätigt sich aber schon während des Studiums als freie Künstlerin. Das Grafikdesign-Studium ist eine Art Zugeständnis an ihre Eltern, etwas „wenigstens halbwegs sinnvolles" zu lernen. Aber eigentlich will sie als Künstlerin arbeiten. So bringt sie das Studium mehr schlecht als recht hinter sich und beschäftigt sich in erster Linie mit der Bildhauerei und ihren Skulpturen. Nachdem die ersten Ausstellungen überraschend gut laufen und sich ihre Skulpturen prächtig verkaufen, beschließt sie, die kleine Künstlerkommune, in der sie bisher wohnte, zu verlassen und sich mehr Platz zu gönnen. So kommt sie in den Tulpenweg 4a als

Nachbarin der Wagners, deren fest geordnete Welt offensichtlich schon durch einen nackten Oberkörper gefährlich erschüttert wird, wie Claudia Hansen nicht ohne Belustigung registriert.

Wie am Morgen angekündigt, nimmt Claudia Hansen am Nachmittag erneut ein Sonnenbad – wieder oben ohne. Das verärgert Herbert Wagner so sehr, daß er mit einem lauten „So nicht!" kurzerhand zum Gartenschlauch greift und Claudia Hansen mit einem eisigen Wasserstrahl mitteilt, was er von der Angelegenheit hält. Triumphierend beobachtet er, wie sich Frau Hansen empört ins Haus zurückzieht und nimmt gelassen die kurz darauf lautstark dröhnende Stereoanlage zur Kenntnis; ein hilfloser kleiner Racheversuch, der ihm seinen Sieg nur versüßt.

Doch der Triumph ist von kurzer Dauer. Entsetzt erblickt er am nächsten Morgen in Claudia Hansens Garten eine modellierte Gartenzwergin, die unübersehbar zu seiner Gartenseite hin ihre ziemlich großen, blanken Brüste herausstreckt. „Was soll das, Frau Hansen?" zischt Herbert Wagner seine Nachbarin an, als er sie am Abend zusammen mit seiner Frau vor der Haustüre abpaßt. „Was denn?" fragt sie scheinheilig zurück. „Sie wissen genau, wovon ich spreche", sagt Herr Wagner, dessen Augen sich zu Sehschlitzen verspannen. „Dieses widerliche Ding da in ihrem Garten." „Ach, Sie sprechen von meiner neuen Skulptur, eine Anlehnung an die überdimensionalen Frauenfiguren von Niki de Saint-Phalle..." „Hören Sie auf mit Ihrem Künstlerunsinn", fällt ihr Herr Wagner ins Wort. „Das ist keine Skulptur, das ist eine reine Provokation und eine unanständige noch dazu." „Kunst hat auch den Sinn zu provozieren und zu irritieren", gibt Frau Hansen schnippisch zurück. „Und wenn Sie mich jetzt entschuldigen wollen, ich habe heute noch was anderes vor."

Außer sich vor Wut traktiert Herbert Wagner an diesem Abend seine Nachbarin mit dem Höllenlärm seiner Schlagbohrmaschine. Es klingt, als wenn der Bohrer jeden Moment durch die Wand brechen wolle. Eine Stunde lang durchlöchert der aufgebrachte Herr Wagner einen gemauerten Raumteiler in seinem Wohnzimmer, den seine Frau sowieso schon lange beseitigt haben wollte. Und die Situation eskaliert weiter. Claudia Hansen antwortet mit weiteren vier Gartenzwergen, die am nächsten Morgen auf ihrem Grundstück stehen. Entlang des Trennungszaunes präsentieren sich ein Zwerg in weißer Zwangsjacke und ein Zwerg mit nacktem Hintern. Eine weitere Figur blickt verstohlen und lüstern auf die überdimensionalen Brüste der Oben-ohne-Zwergin. Und ein vierter Zwerg zeigt den Stinkefinger.

Für Herrn Wagner ist das Maß endgültig voll. Ultimativ fordert er seine Nachbarin in einem knapp gehaltenen Brief auf, „diese Scheußlichkeiten aus Ihrem Garten zu entfernen. Sie sind offensichtlich nur zu dem Zweck dort aufgestellt, mich zu provozieren. Sollte dieses Ärgernis nicht bis heute Abend beseitigt sein, werde ich gegen Sie klagen." Frau Hansen genießt es, daß ihre Rache die gewünschte Wirkung erzielt hat und denkt nicht daran, ihre Installationen zu entfernen. Sie ist felsenfest davon überzeugt, daß ihre Zwerge einen künstlerischen Wert haben, weil sie die Symbolik der üblichen Gartenzwerge, wie sie auch die Wagners im Garten stehen haben, karikieren und deren Biederkeit und Kleinbürgerlichkeit aufspießen. Claudia Hansen ignoriert deshalb den Brief. Es kommt zum Verfahren vor dem Amtsgericht.

Dort fordert Herbert Wagner: „Ich möchte, daß Frau Hansen ihre anstößigen und beleidigenden Figuren für immer aus ihrem Garten entfernt und auch zukünftig keine ähnlichen Figuren aufstellt. Frau Hansen hat diese Figuren modelliert und sie dann in ihrem Gartenanteil aufgestellt, um mich und meine Frau zu provozieren und zu beleidigen. Sie bezeichnet sich selbst als Künstlerin, aber das ist keine Kunst, sondern eine Beleidigung. Entsprechend scheußlich sehen diese Figuren, die entfernt an die Machart von Gartenzwergen erinnern, aus: Einer ist weiblich und zeigt seine nackten Brüste, ein anderer steht daneben und starrt auf diese Frau, während er so tut, als würde er sich die Hand vor die Augen halten, einer trägt eine Zwangsjacke, ein anderer hat die Hose heruntergelassen und zeigt sein Hinterteil, und der letzte streckt seinen Mittelfinger in die Höhe. Sie sind alle in der Nähe des

Maschendrahtzaunes aufgestellt, der den Garten von Frau Hansen und den unseren trennt. Und so sind sie eindeutig gegen mich und meine Frau gerichtet. Verehrtes Gericht, ich kann Sie nur dringend bitten, umgehend Abhilfe zu schaffen und Frau Hansen die Kosten für dieses Verfahren aufzuerlegen."

Claudia Hansen entgegnet: „Die von Herrn Wagner kritisierten Figuren in meinem Garten haben nicht den Zweck, ihn und seine Frau zu provozieren und zu beleidigen. Ich will zwar nicht verhehlen, daß Herr Wagner und seine Gartenzwerge die Ideen zu diesen Figuren lieferten. Aber sie sind, wie gesagt, nicht dazu da, ihn und seine Frau zu beleidigen. Die Figuren sind vielmehr künstlerischer Ausdruck meiner Wahrnehmung in dieser Umgebung. Und sie sind auch einfach ein kleiner Spaß, ein künstlerischer Spaß, eine witzige Installation, die eine allzu biedere Ernsthaftigkeit aufs Korn nimmt. In diesem Sinne darf ich versichern, daß es mir nicht um eine Beleidigung meiner Nachbarn, der Familie Wagner, geht. Und deshalb bitte ich, deren Klage abzuweisen."

Claudia Hansen verweist vor Gericht auch darauf, daß Herr Wagner derjenige gewesen ist, der die Situation immer mehr zugespitzt hat. Sie hält ihm die Attacke mit dem Wasserschlauch und den Bohrlärm-Terror vor. Herbert Wagner bestreitet sein Vorgehen nicht. Er rechtfertigt es damit, daß er immer wieder mit Frau Hansen gesprochen hat, sich letztlich aber nichts an ihrem unanständigen und rücksichtslosen Verhalten änderte. „Und wer nicht hören will, muß fühlen...", sagt er hämisch in Richtung Frau Hansen. Claudia Hansen findet es eine Unverschämtheit, daß Herr Wagner sich solche erzieherischen Motive und Mittel anmaßt: „Das ist wohl ein weit wesentlicherer Eingriff in meine Privatsphäre, als wenn ich mich künstlerisch betätige und ein paar Gartenzwerg-Skulpturen in meinem Garten aufstelle." Aber Herr Wagner beharrt darauf, daß die Figuren keine Kunst, sondern nichts als pure Beleidigung seien und daß diese Widerlichkeiten deshalb verschwinden müssen.

Der Fall aus juristischer Sicht:

Ob sich jemand Gartenzwerge vors Haus stellt, eine bepflanzte Minischubkarre oder ein anderes stilvolles Arrangement –
erlaubt ist grundsätzlich alles. Denn zur allgemeinen Handlungsfreiheit (Artikel 2 Grundgesetz) und zum Schutz des Eigentums (Artikel 14 Grundgesetz) gehört auch, das Grundstück nach Belieben zu gestalten. Bei außergewöhnlichem
Gartenschmuck kann dies jedoch Grenzen haben: So muß sich
der Nachbar nicht beleidigen lassen (§185 StGB). Doch generell die Unterlassung (§§1004, 906 BGB) ihn störender Gartenzwerge zu verlangen, dürfte dem Nachbarn kaum gelingen.

Und so urteilt das Gericht:

Die Klage wird abgewiesen.
Die Kosten des Rechtsstreits trägt der Kläger.

Der Kläger kann nicht die Beseitigung der Gartenzwerge aus
dem Garten der Beklagten verlangen.
Grundsätzlich kann der Nachbar störende Immissionen des
Nachbarn verbieten. Üblicherweise handelt es sich dabei um
laute Geräusche oder Gerüche.
Dieser Anspruch ist jedoch nicht unbegrenzt, da dem Nachbarn auch das Recht zusteht, über sein Eigentum nach seinem Gutdünken zu verfügen. So ist die sogenannte ästhetische Immission von diesem Nachbarschutz ausgenommen, da
ein Nachbar dem anderen nicht diktieren kann, was schön
ist.
Im vorliegenden Fall handelt es sich nur um eine ästhetische
Immission, die von den Gartenzwergen ausgeht, da diese weder Geräusche noch Gerüche verbreiten. Da es lediglich eine
Frage des Geschmacks ist, kann der Kläger der Beklagten das
Aufstellen der Gartenzwerge nicht verbieten.

Was lief hier rechtlich ab?

Herbert und Verena Wagner haben ein Recht darauf, ihr Grundstück möglichst unbeeinträchtigt von äußeren Störungen zu nutzen. Daß sie sich von niemandem vorschreiben lassen zu brauchen, wann und wie sie ihren Garten nutzen, ist selbstverständlich. Untersagen können sie vermeidbare Immissionen des Nachbarn wie Lärm und Gestank.

Doch im Fall der Gartenzwerge geht es um etwas Subtileres: Sie machen keinen Krach, und sie stinken nicht, aber sie provozieren die Wagners. Hier handelt es sich um eine ästhetische Immission.

Weite Auslegung

Was ästhetisch und was geschmacklos ist, darüber teilen sich – wie hier – die Ansichten. Fast genauso wie bei der Kunst gibt es auch keinen einheitlichen Maßstab für Ästhetik. Letztlich muß der Richter entscheiden, wo die Grenze des Zumutbaren liegt und was noch vom Eigentumsrecht des Vermieters von Claudia Hansen abgedeckt ist, aus dem sie wiederum ihre Mietrechte ableiten darf.

Beispiele

Vor allem in Wohnanlagen urteilen die Gerichte recht streng. So beschloß das OLG Hamburg, daß in einer solchen bereits gewöhnliche Gartenzwerge mit roten Zipfelmützen entfernt werden mußten (2 W 7/87), während das Amtsgericht Recklinghausen genau zum gegenteiligen Ergebnis kam (9 II 65/95). „Frustzwerge, deren Gestik, Körperhaltung, konkreter Verwendungszusammenhang, deren Gestaltungsweise und insbesondere deren mangelnde Kleiderordnung ehrverletzende oder beleidigende Wirkung haben, müssen auf keinen Fall geduldet werden", schreibt Rechtsanwalt Hans Reinold Horst in seinem Buch „Nachbars Garten" (Haus & Grund Deutschland, Verlag und Service GmbH). Er bezieht sich dabei zum

Beispiel auf ein Urteil des Amtsgerichts Grünstadt (2a C 334/ 93).

Beleidigung

Doch beleidigend wäre das Aufstellen der Gartenzwerge nur dann gewesen, wenn sie objektiv ehrverletzend für die Nachbarn gewesen wären und wenn Claudia Hansen sie eben in dieser Absicht aufgestellt hätte (§185 StGB).

Wie wurde der Rechtsstreit beigelegt?

Da sich Claudia Hansen beharrlich weigerte, die Gartenzwerge zu entfernen und weil sich ihr Nachbar Herbert Wagner permanent darüber aufregte, führte nichts am Prozeß vor dem Amtsgericht vorbei:

- Inhalt der Klage: Abbau der Gartenzwerge und Unterlassen, andere, ähnlich provozierende Gartenzwerge in Sichtweite des Nachbarn aufzustellen.
- Streitwert: Der Streitwert wurde nach dem Ermessen des Amtsrichters festgelegt, in diesem Fall auf 1 000 DM.
- Kosten: Sobald beide Seiten einen Rechtsanwalt beauftragt haben, fallen dafür insgesamt 719,20 DM an. Die Gerichtskosten beliefen sich auf 210 DM plus eventueller Kosten für Zeugen und Sachverständige. Insgesamt betrugen die Kosten dieses Nachbarschaftsstreits also mindestens 929,20 DM.
- Prozeßrisiko: Herbert Wagner konnte diesen Prozeß nur dann gewinnen, wenn er seiner Nachbarin bewiesen hätte, daß die von ihr aufgestellten Gartenzwerge ihn beleidigen sollten oder der Anblick ihm nicht zuzumuten gewesen wäre.
- Rechtsanwalt: Für diesen Rechtsstreit konnte man jeden Rechtsanwalt einschalten. Wenn Herbert Wagner den Rechtsstreit noch auf die Spitze hätte treiben wollen, hätte er beim Amtsgericht das Gutachten eines Professors für

Ästhetik vorlegen können, das ihn mindestens 1 000 DM gekostet hätte. Als Prozeßverlierer hätte er dann diese Kosten auch noch tragen müssen.

Vergleichsurteile

 Kein Verbot für Gartenzwerge in Wohnungseigentumsanlage

Auch um weniger atemberaubende Gartenzwerge als die von Claudia Hansen wurde in Deutschland schon gestritten. Ein Wohnungseigentümer hatte in seinem Garten einen „ganz normalen" Zwerg aufgestellt. Die übrigen Wohnungseigentümer waren damit aber nicht einverstanden und untersagten ihm das per Mehrheitsbeschluß. Das Amtsgericht Recklinghausen hielt dies für überzogen. Sie erklärten den Beschluß der Eigentümergemeinschaft mit der Begründung für unwirksam, daß „der Wohnwert durch den Gartenzwerg nicht beeinträchtigt" werde.

(Amtsgericht Recklinghausen – AZ: 9 C 65/95)

 Gartenzwerge benötigen eine Genehmigung

Ebenfalls um einen Wohnungseigentümer ging es in einem Fall vor dem Hanseatischen Oberlandesgericht Hamburg – mit entgegengesetztem Ergebnis. Der Eigentümer wollte im gemeinschaftlichen Garten zwei der beliebten Weggefährten von Gartenfreunden aufstellen. Er hatte die Absicht, „das eintönige, langweilige Bild" der Gartenanlage aufzupeppen. Der Gärtner der Wohnanlage schlug bei den übrigen Eigentümern Alarm. Und die Eigentümergemeinschaft beschloß dann auch, die Erlaubnis zur Aufstellung zu verweigern. Zu Recht, wie die Richter entschieden. Durch das Aufstellen der Zwerge beeinträchtige der Eigentümer „schwerwiegend die Rechte der anderen Wohnungseigentümer".

(Hanseatisches Oberlandesgericht Hamburg – AZ: 2 W 7/87)

Ärger über einen Mitmieter bringt 20 Prozent Nachlaß
Claudia Hansen hatte ihre Gartenzwergriege erweitert, nachdem ihr Nachbar sie per Schlagbohrmaschine in ihrer Ruhe gestört hatte. „Ruhestörendem Lärm" war auch ein Mieter ausgesetzt, der sich durch permanentes Trommeln und Schlagen aus der Wohnung über ihm beeinträchtigt fühlte. Bei der jungen Mieterin und Mutter zweier Kinder, einer temperamentvollen Erscheinung, stand „musikalische Früherziehung" auf dem täglichen Stundenplan. Natürlich wurde nicht auf richtigen Musikinstrumenten geübt, als „Krachmacher" dienten Haushaltsgegenstände, wie der klassische Holzlöffel oder ein Kochtopf. Als der genervte Mieter sich nicht mehr anders zu helfen wußte (der Vermieter hatte seinen Wunsch, der „Übermieterin" die Leviten zu lesen, unter Hinweis auf den „natürlichen Bewegungsdrang" der Kinder ausgeschlagen) kürzte er seine Miete. Vom nächsten Monat an überwies er 20 Prozent weniger an seinen Vermieter. Der klagte auf volle Zahlung, wurde aber vom Amtsgericht Chemnitz abgewiesen. 20 Prozent für solch eine „erhebliche Lärmbelästigung" seien angemessen, so der Richterspruch.
(Amtsgericht Chemnitz – AZ: 4 C 1080/93)

Wer zu lange wartet, den ...
In einem anderen Fall stand eine Mieterin im Mittelpunkt, die sich schon seit zwei Jahren vom ständigen Hundegebell des Nachbarhundes erheblich gestört fühlte. Die Besitzerin reagierte auf ihre Bitte, den Hund „ruhig zu stellen", nicht. Schließlich bezog sie den Vermieter mit ein, indem sie die Miete kürzte. Der klagte auf Zahlung der vollen Miete, da der Vierbeiner schon seit längerem lautstark auf sich aufmerksam gemacht habe, ohne daß dies von der Mieterin beanstandet worden sei. Ein Richter am Amtsgericht Rostock gab ihm Recht. Da die Frau trotz des von ihr empfundenen Mangels schon länger als sechs Monate voll überwiesen habe, könne sie die Miete nicht mehr mindern, weil sie dieses Recht nach so langer Zeit „verwirkt" habe.
(Amtsgericht Rostock – AZ: 41 C 75/95)

Gastwirte müssen Mieter entschädigen

Ein Mieter in Kempten hatte ein ausgefalleneres Problem. Er wohnte in der Nähe einer Gaststätte, die vor allem an den Wochenenden stark besucht war. Die Parkmöglichkeiten waren auf dem Gelände der Kneipe sehr rar, so daß die Besucher auf den Hinterhof des Wohnhauses auswichen; hier hatte der Restaurantbesitzer einige Parkplätze gemietet. Die damit verbundenen Lärmbelästigungen wollte der Mieter nicht hinnehmen, zumal er in der Woche beruflich viel unterwegs war und deshalb vor allem am Wochenende seine Ruhe brauchte. Er verklagte den Gastwirt auf Vermeidung des ruhestörenden Lärms. Das Amtsgericht Kempten vermochte aber auch keine wirksame Abhilfe zu schaffen. Sie fanden schließlich den Kompromiß, daß der Kneipier eine Entschädigung an den „gestörten" Mieter zahlen mußte. 50 DM bekam der von nun an monatlich überwiesen.
(Amtsgericht Kempten – AZ: 2 O 811/92)

 Kinderlärm ist „sozialadäquat"

Ein Fall, in dem es um lärmende Kinder ging, wurde in Neuss verhandelt. Dort hatten sich mehrere Hausbewohner darüber beschwert, daß ein fünfjähriges Mädchen permanent im Miethaus „herumrannte". Das damit verbundene Laufen und Trampeln im Hausflur wollten die Hausbewohner nicht länger dulden. Der Vermieter unternahm jedoch nichts. Das anschließend zu Rate gezogene Amtsgericht war jedoch anderer Meinung. Die Richter bewerteten das Temperament des Kindes als „übliches Kinderspiel", das von den übrigen Mitbewohnern als „sozialadäquat" hinzunehmen sei.
(Amtsgericht Neuss – AZ: 36 C 232/88)

Tiere

Jeder, der für ein Tier verantwortlich ist, muß dafür sorgen, daß es anderen Menschen, Tieren und Sachen keinen Schaden zufügt. Das regelt §833 BGB:

„Wird durch ein Tier ein Mensch getötet oder der Körper oder die Gesundheit eines Menschen verletzt oder eine Sache beschädigt, so ist derjenige, welcher das Tier hält, verpflichtet, dem Verletzten den daraus entstehenden Schaden zu ersetzen..."

Dieser Grundsatz beruht auf der Erkenntnis, daß Tiere nicht verantwortlich handeln, sondern daß grundsätzlich der Halter dafür einstehen muß, was sie anstellen.

Dieser Grundsatz gilt vor allem bei Haustieren wie Hunde und Katzen. Allerdings unterscheiden die Amtsgerichte hier auch nach artgerechter Haltung: So darf etwa eine Katze eher aufs Nachbargrundstück springen als ein Hund.

Bei wilden Tieren, also solchen, die nicht angeschafft und auf dem eigenen Grundstück gehalten werden, gibt es mangels Halter auch keine Tierhalterhaftpflicht. Und wie einer der folgenden Fälle zeigen wird, auch keine Verantwortung für den Lärm, den diese Tiere verursachen (mehr zu Immissionen auf Seite 13 f.).

Gegenwehr

Bei Belästigungen und Schäden durch Tiere kann ein Nachbar folgendes unternehmen:

- gegen die Emissionen (Lärm, Geruch) vorgehen wie im vorhergehenden Kapitel beschrieben,
- den Tierhalter zur Unterlassung bzw. zum Schadenersatz

auffordern und falls dieser dem nicht nachkommt, ihn vor dem Zivilgericht verklagen.

Bei Schäden muß sich übrigens niemand an die Haftpflichtversicherung des Tierhalters verweisen lassen. Denn Anspruchsgegner ist der Tierhalter; wie dieser mit seiner Versicherung abrechnet, braucht den Geschädigten nicht zu interessieren.

Rosen für Bambi
Tierhaltung bringt Pflichten

Kläger
**Edgar von Drobnitz ist ein Rosenkavalier alter Schule.
Nun kann er seine Frau nicht mehr mit Rosen verwöhnen,
denn die hat Bambi gefressen.**

Beklagter
**Hupert Pichlmaiers Reh wildert zwar im Nachbargarten,
aber was ist daran so schlimm? Rosen wachsen
schließlich nach.**

In diesem Frühjahr bemerkt Blumenliebhaber Edgar von Drobnitz einen seltsamen und unerklärlichen Rosenschwund in seinem Garten. Obwohl seine Rosenbüsche kraftvoll und gesund wachsen, findet der 68jährige Botschafter a. D. bei seiner wöchentlichen Garteninspektion einfach keine Blüten. Auch nach sorgfältiger Untersuchung gibt es für den plötzlich auftretenden Rosenmangel keine Erklärung. Die Büsche entwickeln sich zunächst völlig normal und tragen auch ständig neu sprießende Knospen. Doch kurz bevor diese aufblühen, verschwinden sie auch schon wieder. Sie scheinen abzufallen, doch auf dem Erdboden findet sich nicht die geringste Spur.

Auf gar keinen Fall möchte der vornehme alte Herr jedoch seine selbst auferlegte Kavalierpflicht vernachlässigen, seiner Frau pünktlich zu jedem Wochenanfang einen frischen Strauß zu kredenzen. Daher sieht er sich nun gezwungen, die zwanzig Rosen in einem Blumengeschäft zu erstehen, wo er allerdings jedesmal 45 DM bezahlt.

Nach seiner Pensionierung vor drei Jahren ist der ehemalige Botschafter a. D. mit seiner Gattin, der 59jährigen Gisela, in ein Haus mit Garten am Rande der Stadt, aber schon im Grünen gezogen, wo die beiden ihren Lebensabend in gepflegter, kultivierter Ruhe genießen wollen. Als Kavalier alter Schule macht er Gisela jeden Tag den Hof. Ihr Zusammenleben verläuft in klassischer Arbeitsteilung. Während Frau von Drobnitz für die Mahlzeiten zuständig ist, sorgt er für die Getränke – vor allem für den Martini olive an warmen Sommerabenden auf der Terrasse. Edgar ist der perfekte Gentleman. Es ist ihm eine Selbstverständlichkeit, sich nicht zu setzen, bevor er Gisela nicht einen Stuhl zurechtgerückt hat, so daß sie als erste Platz nehmen kann. Selbstredend würde er nie vor ihr durch eine Tür gehen oder in seinen Wagen steigen. Über die Zeit hat er Hunderte von kleinen Kavalierritualen erfunden, mit denen er Gisela tagtäglich mit liebenswürdiger Höflichkeit beweist, daß sie die Dame seines Herzens ist. Und eines dieser Rituale ist der Strauß frischer Rosen, den Edgar seiner Frau pünktlich jede Woche überbringt. Außer im Winter, wo er die Rosen in einem Blumengeschäft kauft, pflückt er sie sonst in seinem Garten. Zu diesem Zweck hat er eigens mehrere Rosenbeete angelegt. Von den nachwachsenden Rosenbüschen erntet er jede Woche zwanzig Blüten und stellt sie Gisela zu einem prachtvollen Gebinde zusammen.

Nachdem vier Wochen vergangen sind, in denen Edgar wegen seines plötzlich aufgetretenen Rosenschwunds vier Sträuße für zusammen 180 DM im Blumengeschäft erstehen mußte, entschließt er sich, dem Mysterium auf die Spur zu kommen. Da die Knospen, deren Entwicklung er jetzt Tag für Tag ganz genau beobachtet, immer über Nacht verschwinden, bleibt er eine ganze Nacht lang wach, um seine Rosen von einem verdunkelten Fenster des Hauses aus zu beobachten. Irgendwann wird er durch ein Geräusch aus seinem Halbschlaf geweckt und erkennt im Dunkeln, daß sich etwas bewegt. Es ist der Schatten eines Tieres inmitten seiner Rosenbüsche.

Bei seiner nächsten nächtlichen Beobachtung sieht er ganz deutlich, daß es sich bei dem Tier um ein Reh handelt. Doch als er das Fenster öffnet und in die Hände klatscht, läßt es sich nicht im geringsten stören, sondern knabbert ruhig weiter. Edgar ist empört. Er nimmt den erstbesten Gegenstand, ein leeres Martiniglas, und wirft es nach dem Reh. Er trifft das Tier an der Flanke und beobachtet, wie es daraufhin mit einem eleganten Riesensprung aus dem Stand weg über die Rosenbüsche und die Hagebuttenhecke des angrenzenden Nachbargrundstücks setzt und verschwindet.

Noch ahnt Edgar nichts. Doch das Reh gehört Nachbar Hupert Pichlmaier. Vor einiger Zeit hat der junge Schreinermeister es im Wald gefunden, von seiner Mutter verlassen. Zusammen mit seinen Kindern hat Hupert „Bambi" mit der Flasche großgezogen. Und inzwischen kümmern sich die drei kleinen Söhne von Hupert allein um das Wohl des Tieres. Dabei ist das Reh zahm und zutraulich geworden. Da die Kinder das Tier lieben, hat Hupert es nicht wieder in den Wald zurückgebracht, sondern ihm ein Gehege im Garten gebaut.

Eigentlich widerstrebt es dem Naturmenschen Hupert, ein Wildtier in Gefangenschaft zu halten. Er läßt sich auch nur seiner Kinder zuliebe darauf ein und weil er genügend Platz hat. Denn zu seinem Haus gehört ein großes Grundstück. Nur den vorderen Teil davon benötigt Hupert für seinen Schreinerbetrieb. Den hinteren Teil des Grundstücks überläßt er dem freien Wildwuchs der Natur. Huperts drei kleine Söhne, die das verwilderte Grundstück lieben, spielen dort täglich mit ihren Freunden und neuerdings auch mit „Bambi".

Edgar ist nicht gerade angetan von der Art, wie Pichlmaier sein großes Gartengrundstück bestellt. Anstelle von gepflegtem englischen Rasen und ausgewählten Blumen und Büschen wuchert bei den Nachbarn alles durcheinander. Pichlmaier ist ein Wermutstropfen in Edgars Gartenidylle. Selbst die höfliche Bitte, den Lärm der Kinder im Garten zumindest um die Mittagszeit zu unterbinden, hat Pichlmaier bislang einfach ignoriert.

Der Botschafter a. D. ist einer der ersten Städter, die sich, seitdem das Dorf zum Einzugsbereich gehört, hier ein Haus gebaut haben, um die ländliche Idylle mit dem städtischen Freizeitangebot zu verbinden. Hupert und die übrige „echte" Dorfbevölkerung beobachten diese Neudörfler mit zurückhaltender Skepsis. Mehr und mehr geht durch sie der ursprüngliche Charakter des kleinen Dorfs verloren. Auch seitens der Neuankömmlinge besteht wenig Bedürfnis nach Kontakt. Die Zugezogenen haben ihre Freunde, ihre Interessen und ihre Kultur in der Stadt und wissen nicht viel mit der Dorfbevölkerung anzufangen. Dieser Umstand bedingt auch das reservierte Verhältnis zwischen Pilchmaier und dem Botschafter a. D.

Im Verlauf seiner Untersuchungen findet Edgar beim Spähen durch die Hagebuttenhecke heraus, daß sich der unliebsame Nachbar Pichlmaier zur Unterhaltung seiner Kinder doch tatsächlich ein zahmes Reh im Garten hält. Das Tier ist in einem Gehege untergebracht, das von einem etwa brusthohen Zaun umgeben ist. Da Edgar bereits gesehen hat, wie hoch „Bambi" in seinem Rosenbeet aus dem Stand springen kann, argwöhnt er nun, daß dies der Übeltäter ist, der seine Rosenknospen frißt. Um ganz sicher zu gehen, versteckt sich Edgar am nächsten Abend am Rande seines Gartens hinter einem Baum. Eine mitgebrachte Trittleiter ermöglicht ihm, über die Hagebuttenhecke hinweg Bambis Gehege im Auge zu behalten. Nachdem die Dämmerung eingesetzt hat, wird Edgar Zeuge, wie das Reh, das sich jetzt unbeobachtet fühlt, mühelos mit einem Sprung über den Zaun seines Geheges hinwegsetzt. Mit einem weiteren Sprung über die Hagebuttenhecke kann es sich an Edgars Rosen gütlich tun.

Am nächsten Tag berichtet Edgar seinem Nachbarn, was er in der Nacht gesehen hat. Er fordert Hupert auf, einen höheren Zaun um sein Gehege zu bauen, oder auf andere Weise zu verhindern, daß Bambi weiterhin seine Rosenknospen verzehrt. Pichlmaier lehnt dies jedoch ab, denn Rehe sind nun mal Wildtiere, die ihre Freiheit brauchen. Brüskiert durch diese Ignoranz verlangt Edgar von Pichelmaier den Schaden, den Bambi ihm durch das unerlaubte Abrupfen verursacht hat, zu ersetzen. Er erklärt dem verblüfften Hupert, daß er jede Woche gezwungen ist, einen Rosenstrauß für 45 DM im Blumengeschäft zu kaufen, seit das Reh seine Rosenknospen zerstört.

Hupert kann nicht glauben, was er da hört. Er lehnt die Forderung ganz entschieden ab. Seiner Meinung nach hat Bambi überhaupt keinen Schaden verursacht. Er gibt zwar durchaus zu, daß sich das Tier an den Rosenknospen vergangen haben könnte, dies ist aber seiner Meinung nach kein Schaden, weil dabei die Rosensträucher nicht in Mitleidenschaft gezogen werden und die Knospen ständig nachwachsen. Es ist ein völlig natürlicher Vorgang, wenn ein Reh ein paar dieser Knospen frißt. Die Blumenkäufe stehen auf einem völlig anderen Blatt und können ihm nicht angelastet werden, meint Hupert.

Da Pichlmaier stur bleibt und Edgar auffordert, sich statt dessen doch einen Zaun um seine Rosen zu bauen, statuiert Edgar, der eigentlich nichts mehr als seine Ruhe liebt, ein Exempel. Er verklagt seinen Nachbarn auf Ersatz der Aufwendungen für mittlerweile zwölf Wochen, in denen er sich gezwungen sah, im Blumenladen jeweils einen Rosenstrauß à 45 DM kaufen zu müssen. Dem Gericht erklärt er in seiner Klageschrift: „Ich pflege meiner Frau jede Woche einen Strauß mit zwanzig roten Rosen zu schenken. Zu diesem Zweck habe ich in meinem Garten ein großes Blumenbeet angelegt, von dem ich im Frühling und Sommer die erforderliche Menge an Rosen schneiden kann. In dem an meinen Garten angrenzenden Grundstück wird in einem Gehege ein Reh gehalten. Die Abgrenzung dieses Geheges ist so niedrig, daß das Tier, wie ich selbst beobachten konnte, mühelos hinausspringen kann. Der Beklagte weigert sich, sein Reh besser unter Kontrolle zu halten und zum Beispiel eine höhere Abgrenzung zu bauen. Seit nunmehr zwölf Wochen macht es sich jede Nacht über meine frischen Rosenknospen her, die eine Delikatesse für Rehe darzustellen scheinen."

Hupert Pichlmaier erwidert: „Rehe sind Wildtiere, die ihre Freiheit brauchen. Nur Haustiere kann man kontrollieren oder einsperren. Wenn dies dem Kläger nicht gefällt, soll er sich doch einen Zaun um seine Rosen bauen. Abgesehen davon ist sowieso durch das Abfressen der Rosenknospen kein Schaden entstanden. Rosenknospen wachsen schließlich ständig nach. Wenn der Kläger meint, seiner Frau ständig teure Rosen kaufen zu müssen, so ist das seine Sache. Mir kann er diese Ausgaben aber nicht anrechnen."

Herr von Drobnitz antwortet, daß der Beklagte Pichlmaier sich ein Reh auf seinem Grundstück halte und es deshalb kein wildes, sondern ein zahmes Tier sei, für das der Beklagte eine Sorgfaltspflicht habe. Im übrigen sollte er in eigenem Interesse einen höheren Zaun um sein Wildgehege ziehen, um weitere Schadenersatzklagen in Zukunft zu vermeiden.

Hupert wird das Tier auf gar keinen Fall in einen Käfig sperren, da bleibt er auch vor Gericht eisern. Es sei doch nur ein Zufall, daß dieses Mal gerade sein Reh die Rosenknospen abgefressen hätte. In dem nahegelegenen Waldstück gäbe es schließlich auch noch andere Rehe. Und weiter beschwert sich Hupert, daß die auf's Land gezogenen Städter sich nicht an die herrschenden Vorstellungen anpaßten, sondern vielmehr glaubten, auf alles gleich einen Rechtsanspruch zu haben. Dabei handele es sich doch, wie dieser Fall auch zeige, um Regeln der Natur, auf die der Mensch nicht per Gerichtsurteil Einfluß nehmen könne.

Der Fall aus juristischer Sicht:

Tiere denken und handeln nicht mit menschlichem Verstand. Deshalb liegt die rechtliche Verantwortung für ihr Verhalten, demzufolge auch für daraus resultierende Schäden, bei dem Menschen, der sie hält oder der für sie zu sorgen hat. Bei Haustieren wie Hunden und Katzen zum Beispiel ist das der jeweilige Tierhalter, der nach §833 BGB für Schäden, die sein Tier verursacht hat, haftet. Aber auch ursprünglich wilde Tiere, wie Rehe, die im Garten gehalten werden, können Schäden anrichten, für die dann der verantwortliche Mensch einstehen muß. Der betroffene Nachbar kann Schadenersatz und Unterlassung künftiger Schäden verlangen.

Und so urteilt das Gericht:

Der Beklagte wird verurteilt, an den Kläger 540 DM nebst 4 Prozent Zinsen seit Klageerhebung zu zahlen.
Die Kosten des Rechtsstreits trägt der Beklagte.

Die Klage ist dem Grund nach und zur vollen Höhe begründet. Der Beklagte haftet dem Kläger als Tierhalter gemäß §833 BGB auf Schadenersatz. Er ist als Halter des Rehs „Bambi" anzusehen und hat dafür Sorge zu tragen, daß durch dieses Tier kein Schaden verursacht wird. Das gezähmte Reh ist im übrigen kein Haustier. Andererseits kann sich der Beklagte nicht darauf berufen, „Bambi" sei ein „Wildtier" und man müsse ihm seinen Lauf lassen, denn auch das Bundesjagdgesetz sieht im §30 vor, daß sich derjenige schadenersatzpflichtig macht, dem als Eigentümer die Aufsicht über ein Gehege, aus welchem ein Stück Schalenwild austritt, obliegt.
Die zur Regulierung gestellte Schadenhöhe ist im Ergebnis nicht zu beanstanden. Das, was der Kläger für seine Roseneinkäufe ausgegeben hat, reflektiert den Wert seiner eigenen abgefressenen Rosen, weil er diese eben auch zu einem solchen Preis hätte verkaufen können.

Was lief hier rechtlich ab?

Angesichts des Konflikts zwischen Edgar von Drobnitz und Hupert Pichlmaier stellen sich zwei Fragen:

- Durfte Hupert Pichelmaier das Reh überhaupt halten?
- Mußte er hierbei bestimmte Regeln einhalten, zum Beispiel den Garten entsprechend einzäunen, damit Bambi der nächtliche Kahlfraß an den von Drobnitzschen Rosenknospen nicht gelingen konnte?

Offenbar war sich Pichlmaier keiner Schuld bewußt. Daß Bambi die Rosenknospen abfraß, bedeutete aus seiner Sicht keinen Schaden, denn Knospen wachsen schließlich nach...

Die Rechnung

...aber nicht so schnell, als daß Edgar von Drobnitz wie gewohnt seine Rosensträuße aus eigener Zucht schneiden konnte. Statt dessen sah er sich gezwungen, die Blumen für viel Geld zu kaufen.

Pflichten des Tierhalters

Wer ein Tier hält, ist grundsätzlich für den Schaden verantwortlich, den dies verursacht. Das regelt §833 BGB. Hintergrund ist, daß ein Tier nicht für sein Handeln zur Verantwortung gezogen werden kann, dafür aber der Mensch, der es hält. Auch nach dem Bundesjagdgesetz war Pichlmaier verpflichtet dafür zu sorgen, daß Bambi keine unnötigen Schäden auf dem Nachbargrundstück anrichtete.

Da Hubert Pichlmaier diese Spielregeln jedoch mißachtete, durfte Edgar von Drobnitz seine Rosensträuße im Blumengeschäft kaufen. Die Gesamtsumme von 540 DM stellte seinen Schaden dar.

Wie wurde der Rechtsstreit beigelegt?

Der Konflikt dieser Nachbarn war offenbar nicht gütlich beizulegen, weil Pichlmaier der Rosenschaden egal war, von Drobnitz seine Ausgaben im Blumengeschäft aber nicht einfach auf sich beruhen lassen wollte.

- Inhalt der Klage: Schadenersatz für die beschädigten Rosensträucher.
- Streitwert: 540 DM.
- Kosten: Sobald beide Seiten einen Rechtsanwalt beauftragen, fallen dafür insgesamt 440,80 DM an. Die Gerichtskosten beliefen sich auf 150 DM plus eventueller Kosten für Zeugen und Sachverständige. Insgesamt betrugen die Kosten dieses Nachbarschaftsstreits also 590,80 DM, das war deutlich mehr als der eigentliche Schaden.
- Prozeßrisiko: Die Chancen für Edgar von Drobnitz, diesen Prozeß zu gewinnen, standen gut. Denn eindeutig hat Hupert Pichlmaier die Verantwortung für Bambis Treiben. Sein eventuelles Gegenargument konnte allenfalls „artgerechte Haltung" heißen, konkret also, daß man ein Reh nicht im Zwinger einsperrt. Doch dem kann ein Amtsrichter angesichts einer eng bebauten Wohnsiedlung nicht folgen. Im Gegenteil: Artgerechte Haltung heißt bei einem Reh, nicht im Garten, sondern im Wald, zumindest aber in einem größeren Wildgehege aufgehoben zu sein.

  Edgar von Drobnitz mußte auch nicht auf seine Angewohnheit, prächtige Rosensträuße zu schenken, verzichten. Der Kauf der Blumen war nach den nächtlichen Knospenschäden durchaus angemessen.
- Wie man einen Rechtsanwalt findet, steht im Anhang dieses Buches auf Seite 165 ff.

Vergleichsurteile

 Rehe sind Teil der Natur und gehören zur „Landschaft"
Etwas anders als die Drobnitzsche Klageschrift sah die bei einem vom Landgericht Itzehoe verhandelten Fall aus. Der Kläger war „tierisch sauer" auf die Forstbehörde, die das an seine Felder grenzende Waldstück verwaltet und – seiner Meinung nach – nicht im Griff hat. Über Nacht hatten Rehe seinen Acker besucht und den Raps- und Weizen-

bestand erheblich gekürzt. Nun pochte er auf Schadenersatz, weil er Einbußen im Verkauf seiner Lebensmittel befürchtete. Die Richter sahen jedoch keinen Verstoß der Forstverwaltung. Sie wiesen die Klage des Landwirts mit der Begründung zurück, daß Rehe „Teil der Natur sind und daher zur Landschaft dazugehören". Etwas anderes könne nur dann gelten, wenn die jährliche Abschußquote zu niedrig angesetzt und deshalb der Bestand an hungrigem Rehwild zu groß wäre.

(Landgericht Itzehoe – AZ: 1 S 381/96; 7 O 157/97)

In der Nacht wollen auch Rehe schlafen

Auch in Mannheim waren ein Jäger und die von ihm gejagten Rehe Gegenstand einer Gerichtsverhandlung. Der Waidmann gehörte zu den Besten seiner Zunft und genoß hohes Ansehen in Jägerkreisen. Manchmal trieb ihn sein – von ihm selbst für angeboren erklärter – Jagdinstinkt jedoch dazu, übers Ziel hinauszuschießen. So war er schon aufgefallen, als er die behördlich festgelegte Abschußquote übertraf oder auch schon mal außerhalb seines Forstbereichs „wilderte". Als er dabei erwischt wurde, daß er sein Gewehr noch 90 Minuten nach Anbruch der Dunkelheit ansetzte, zog die Behörde seinen Jagdschein ein. Seinen Einspruch wies der Verwaltungsgerichtshof Mannheim zurück. Die Richter bestätigten, daß der Verstoß gegen das Nachtjagdverbot den Verlust des Jagdscheines zur Folge haben kann.

(Baden-Württembergischer Verwaltungsgerichtshof – AZ: 5 S 2661/96)

Kein Zaun, wenn der Rasen dadurch „ärmlich" wirkt

Nicht nur rosenverzehrende Rehe – wie im Fall von Edgar von Drobnitz – sondern auch andere Tiere nehmen in Deutschlands Gärten die Grenzen nicht ganz so genau. Ein Terrier sorgte in einer Eigentumsanlage für Ärger. Ihm fiel es naturgemäß schwer, von des Nachbarn Garten fern zu bleiben. Sein Besitzer kümmerte sich nicht darum, daß sein

Hund die ineinander übergehenden Rasenflächen der beiden Wohnungseigentümer nicht unterscheiden konnte. Bis
er davon erfuhr, daß der Nachbar einen Jägerzaun aufstellen wollte, um die Grundstücke voneinander zu trennen.
„Dadurch würde meine Rasenfläche ärmlich aussehen", so
seine Begründung vor dem Oberlandesgericht Düsseldorf
bei dem Versuch, die Begrenzung zu verhindern. Die Richter hielten das für nachvollziehbar und gaben seinem Antrag statt – obwohl sein Nachbar mit dem nicht minder über-
zeugenden Argument kam, den Zaun halte er mit Blick auf
seinen Enkelsohn und den Hund des nebenan lebenden
Hauseigentümers für erforderlich.
(Oberlandesgericht Düsseldorf – AZ: 3 Wx 9/96)

 Auch wenn ein Zaun „weh" tut, darf er gezogen werden
Auch Mieter und Vermieter geraten häufig in Streit, wenn
es um Veränderungen am Mietobjekt geht. In einem Fall
vor dem Amtsgericht Münster spaltete ein Zaun sogar eine
Familie. Ein Ehepaar als Vermieter und deren Sohn samt
Ehefrau und Kind als Mieter stritten um die Errichtung eines Zaunes an der Gartengrenze. Hintergrund war der Hund
der „Kinder", der sich immer wieder auf dem Grundstück
der „Alten" tummelte, was diesen gar nicht gefiel. Also zog
der junge Familienvater einen Zaun. Daß dadurch auch der
Bewegungsradius des kleinen Enkels stark eingeschränkt
würde, behagte den Großeltern nicht. Deren Sohn ließ es
aber auf einen Streit mit ihnen ankommen – und „gewann":
Auch wenn es die Vermieter mit Blick auf ihren Enkel
schmerze, sei der Zaun als Abwehrmaßnahme gegen die
ständigen Nörgeleien der Eltern nicht übertrieben.
(Amtsgericht Münster – AZ: 5 C 3/97)

 **Vom Katzentrio darf jeweils nur einer auf's Nachbargrund-
stück**
Auch die Nummer 2 auf der Hitliste beliebter Haustiere sorgt
oft für tierischen Ärger. Katzen kommen noch leichter durch
Spalten und Zäune, was katzenfeindlichen Nachbarn ver-

ständlicherweise nicht gefällt. So war auch ein Grundstücksbesitzer nicht erfreut über den regelmäßigen Besuch dreier Nachbarkatzen. Er zog schließlich vor Gericht, nachdem er festgestellt hatte, daß sein fünfjähriger Sohn mit den Kotspuren des Katzentrios spielte. Er sah seinen Filius konkreten Gesundheitsgefahren ausgesetzt. Ein Amtsrichter in Neu-Ulm gab ihm zu zwei Dritteln Recht. Er muß es nicht dulden, daß alle drei Katzen gleichzeitig sein Grundstück betreten. Allerdings gebiete es die nachbarschaftliche Rücksichtnahme, daß der Katzenbesitzer jeweils einem seiner Tiere freien Auslauf ermögliche.
(Amtsgericht Neu-Ulm – AZ: 2 C 947/98)

 „Gefahrloses Betreten" muß Katzen nicht ermöglicht werden
Offenbar gut informiert hatte sich ein Katzenbesitzer in Erlangen. Er wußte von den Freiheiten, die er seiner Katze geben durfte, und es kümmerte ihn wenig, daß sein Nachbar nicht erbaut darüber war, wenn der geschmeidige Vierbeiner sein Grundstück betrat. Die für die Katze unangenehme Folge: Als sie eine Tages wieder mal die Grenze überschritt, wurde sie auf der anderen Seite von dem eigens zur „Abwehr" angeschafften Hund verbellt. Ihr Besitzer wollte seiner Katze jedoch weiterhin Freigang nach Belieben bieten und klagte auf Abschaffung des Hundes. So weit müsse die nachbarschaftliche Rücksichtnahme jedoch nicht gehen, entschied das Amtsgericht Erlangen. Ein Grundstückseigentümer müsse es zwar dulden, daß Katzen auf sein Grundstück kommen; er sei jedoch nicht verpflichtet, ihnen ein „gefahrloses Betreten" zu ermöglichen.
(Amtsgericht Erlangen – AZ: 3 C 964/90)

Unsere kleine Farm

Sind Tauben Haustiere?

Klägerin
Pia Sonntag hat genug von diesem Zirkus, denn bei der Nachbarin geht es zu wie im Taubenschlag.

Beklagte
Amalie von Haffstetten hat ein Herz für Tiere. Auch für Tauben.

Als erfolgreiche Modejournalistin ist es Pia Sonntag eigentlich gewohnt, ihre Ziele ohne große Umschweife durchzusetzen, aber an Amalie Haffstetten beißt sie sich bislang die Zähne aus. Dabei wirkt die alte Dame aus der Wohnung über Pia Sonntag stets freundlich und umgänglich, wenn sie im Treppenhaus grüßt. Doch hinter dem gemütlichen Antlitz der 72jährigen verbirgt sich eine Unzugänglichkeit, die für Pia Sonntags Empfinden an Altersstarrsinn grenzt. Anders kann sie es sich jedenfalls nicht erklären, daß sie mit Frau Haffstetten nicht einmal über ihr Anliegen reden kann. Beim ersten Versuch hatte die Nachbarin schon nach Pias Begrüßung wortlos die Wohnungstüre wieder geschlossen. Seitdem hatte sie immer wieder neue Versuche unternommen, aber Frau Haffstetten warf bei ihrem Anblick stets sofort die Türe wieder zu und öffnete sie ihr schließlich gar nicht mehr.

Deshalb weiß Pia Sonntag keinen Rat mehr. Sicher ist nur, daß es so nicht weitergehen kann. Diese entsetzlichen Tierlaute aus der Wohnung über ihr und vor allem die dreckigen Tauben! In der ersten Zeit nach ihrem Einzug in das Mietshaus war ihr noch nichts aufgefallen. Zu oft sitzt sie bis spät in die Nacht in der Redaktion oder fliegt für einige Tage in die Modemetropolen Europas. Aber eines Tages war der Dreck auf ihrem Balkon nicht mehr zu übersehen gewesen, und an einem der wenigen ruhigen Wochenenden zu Hause konnte Pia Sonntag das Schauspiel erstmals mit eigenen Augen beobachten: Jeden Morgen und Abend finden sich große Taubenschwärme über ihrem Balkon ein, und schnell stellte Pia Sonntag fest, daß die Vögel von Frau Haffstetten angelockt und gefüttert werden. Fast könnte sich Frau Sonntag an dem beeindruckenden und stets wiederkehrenden Schauspiel erfreuen, wenn die Tauben nur nicht diesen ohrenbetäubenden Lärm machen würden und der Taubenkot nicht innerhalb kurzer Zeit ihren Balkon derart verdreckt hätte, daß sie ihn nicht mehr betreten kann. Auch ihren Cockerspaniel Rory kann sie nicht mehr auf den Balkon lassen, da sie fürchtet, daß er sich vom Taubenkot eine Krankheit holt.

Als Pia Sonntag wieder einmal bei Frau Haffstetten klingelt, kann sie zumindest einen kurzen Blick in den Wohnungsflur werfen. Er ist dunkel und völlig unrenoviert, ein paar Katzen laufen herum, und es riecht grauenerregend. Im Hintergrund ist ein ohrenbetäubendes Tuten zu hören, wie von einer defekten Maschine. Daraufhin geht Pia Sonntag zur Hausverwaltung, die aber leider aus einem nachlässigen Hausmeister besteht, der die Dinge mehr schlecht als recht instand hält. Entsprechend wenig Interesse hat er für ihr Problem. „Frau Haffstetten ist schon viel länger Mieterin als sie", sagt er. „Es hat bisher keine Probleme gegeben, die man nicht durch ein freundliches Gespräch regeln konnte." Auch die Tatsache, daß der Wohnwert des Hauses durch die Taubenplage gemindert wird, stört den Hausmeister offenbar wenig. Damit ist Pia Sonntag klar, daß sie die Sache selbst regeln muß.

Sie läßt deshalb von ihrer Putzfrau den Balkon reinigen und beauftragt eine Firma, ein spezielles Gitter an ihrem Balkon anzubringen, das weitere Vögel vom Nisten und Koten abhalten soll. Die Rechnung dafür wirft sie Frau Haffstetten mit der Bitte um Rückerstattung des Geldes in den Briefkasten, bekommt aber darauf keine Reaktion.
Das Gitternetz hilft zumindest etwas. Es hindert die Tauben daran, auf Pia Sonntags Balkon zu sitzen, aber wenn Frau Haffstetten den ganzen Taubenschwarm mit Futter anlockt, koten die Vögel wie eh und je auf ihren Balkon. Mehr noch: Seit neuestem gesellen sich zu dem Lärm der Tauben und dem mysteriösen Getute noch weitere Geräusche, die Pia Sonntag stören und unruhig machen. Aus der Wohnung über ihr dringen Tierlaute, als sei dort oben ein ganzer Zoo versammelt. Pia Sonntag hört Katzen miauen, das Blöken eines Schaf und das Bellen eines Hundes, auf das zu ihrem Ärger Rory regelmäßig reagiert. Als sie daraufhin erneut bei Frau Haffstetten läutet, findet sie ihre Vermutungen bestätigt: Auf der Schulter der ertappt dreinschauenden alten Dame sitzt ein Papagei und zwischen ihren Beinen läuft ein kleines schwarzes Lamm... „Was hat das bloß in einer Mietswohnung zu suchen", denkt Pia Sonntag und beschließt, mit einer Klage dem Spuk endgültig ein Ende zu bereiten. Außerdem möchte sie schon um des Prinzips willen die 310 DM für die Reinigung des Balkons und die Anbringung des Gitters zurückerstattet haben.

Vor Gericht schildert sie ihr Anliegen: „Zu Hause will ich meine Ruhe haben, da ich durch meinen Beruf viel unterwegs und mit Menschen zusammen bin. Ich möchte abends mal gemütlich auf dem Balkon sitzen und am Wochenende richtig ausschlafen, das ist schon alles. Leider wird mir selbst dieser bescheidene Wunsch von meiner Nachbarin unmöglich gemacht. Frau Haffstettens einzige Tagesbeschäftigung scheint die Fütterung von Tauben zu sein. Dies tut sie von ihrem Balkon im 2. Stock aus, der direkt über meinem liegt. Mit der Zeit sind durch die Fütterung immer mehr Tauben angelockt worden, so daß sich jetzt regelmäßig eine Schar von 40 bis 50 Vögel einfindet, die auch angefangen haben, in den Mauernischen und auf den Balkonen zu nisten und selbst in der Nacht unerträglich laut gurren. Mein Balkon ist durch den Taubenkot und die Nester nicht mehr benutzbar. Ich habe für 310 DM ein Taubengitter anbringen müssen, dessen Kosten ich von Frau Haffstetten erstattet haben möchte. Doch langfristig bringt das nicht wirklich etwas. Deshalb muß ich darauf bestehen, daß Frau Haffstetten das Füttern und Anlocken der Tauben sowie die Haltung von wohnungsungeeigneten Tieren unterlässt."

Amalie Haffstetten wehrt sich: „Frau Sonntag nutzt ihren Balkon höchstens einmal im Monat, und deshalb sehe ich nicht ein, die Tauben verhungern zu lassen. Ich weiß, daß das Füttern von Tauben seit einiger Zeit auf öffentlichen Plätzen nicht mehr gestattet ist, aber was ich auf meinem Balkon tue und lasse, geht keinen etwas an. Ich verstehe wirklich nicht, warum ich wegen meiner Tierliebe vor Gericht stehe."
Pia Sonntag unterbricht sie empört: „Wie können Sie von Tierliebe sprechen, wenn sie in ihrer kleinen Stadtwohnung einen Bauernhof einrichten? Ich habe mit meinen eigenen Augen das Lamm gesehen, von den Katzen, dem Hund und dem Papagei ganz zu schweigen. Ich habe den Eindruck, daß Frau Haffstetten gar nicht mehr weiß, was sie tut. Wahrscheinlich wäre es sinnvoll, wenn sie die Tiere weggeben und in ein Heim ziehen würde."

„Wollen Sie mich etwa für unmündig erklären?" fragt Frau Haffstetten bestürzt und erwidert zornig: „Das ist gerade aus ihrem Mund wirklich eine Frechheit, Frau Sonntag, denn eher müßte Ihnen der Hund weggenommen werden. Wissen Sie eigentlich, was Sie dem armen Tier antun, wenn Sie es die ganze Woche in der Wohnung einsperren und es der Haushälterin überlassen, ihn jeden Tag für ein paar Minuten vor die Haustüre zu bringen? Wissen Sie nicht, daß auch Tiere eine Seele haben?" „Immerhin lasse ich für den Hund sorgen, auch wenn es meine eigene Zeit leider nicht zuläßt", entgegnet Pia Sonntag. „Aber ein kleines Lamm gehört nun wirklich nicht in eine Wohnung." „Ich habe überhaupt kein Lamm und auch keinen Hund in meiner Wohnung. Alle diese Tiergeräusche sind von Kapitän", erklärt Frau Haffstetten. „Sie müssen wissen, Herr Richter, Kapitän ist mein Papagei, der schon seit vielen Jahren bei mir lebt. Er kann zwar nicht sprechen, hat aber die witzige Angewohnheit, alle anderen Tiere nachzuahmen. Er gurrt wie die Tauben, miaut, blökt wie ein Schaf und hält mit Frau Sonntags Hund Rory bellend Zwiegespräche."

„Das mag alles sein", erwidert Pia Sonntag, „aber ich habe zumindest die Katzen und das Lamm selbst gesehen, als ich mit Ihnen wegen der Tauben reden wollte. Auch wenn Sie mir jedes Mal gleich wieder die Türe vor der Nase zugeschlagen haben." „Weil ich wußte, daß Sie mir nur Ärger bereiten wollen", antwortet die alte Dame hilflos und gesteht. „Also gut, es stimmt. Ich habe zur Zeit ein süßes kleines Lämmchen bei mir. Natürlich weiß ich, daß solche Tiere nicht in eine Wohnung gehören. Flöckchen habe ich nur deshalb zu mir genommen, weil ihre Mutter gestorben ist. Flöckchen lebt auf dem Balkon und wird von mir mit einer Milchflasche hochgepäppelt, bis ich für sie ein gutes Zuhause gefunden habe. Ich habe zu diesem Zweck auch schon Kontakt zu einem Aussiedlerhof in der Nähe aufgenommen."

Pia Sonntag versteht allmählich, was die Tiere für ihre allein lebende Nachbarin bedeuten. „Das ist natürlich etwas anderes", sagt sie gerührt. „Und es geht mir auch nicht um ein paar Tiere in der Wohnung von Frau Haffstetten, solange diese nicht die anderen Mieter im Haus stören. Aber die Tauben sind wirklich eine Plage. Ich kann es nicht hinnehmen, daß ich wegen Frau Haffstetten meinen Balkon nicht mehr nutzen kann und sich Rory durch den Taubenkot vielleicht eine Krankheit holt. Schließlich verhungern die Tiere keineswegs, wenn sie nicht mehr gefüttert werden. Sie finden jederzeit in der Stadt ausreichend Futter." Nach einem kurzen Zögern überwindet sich Pia Sonntag und fügt, an Frau Haffstetten gewandt, hinzu: „Ich weiß, daß ich Ihnen damit viel Lebensfreude und auch eine Aufgabe wegnehme. Aber vielleicht würde es Ihnen Freude machen, wenn Sie sich statt dessen tagsüber ein bißchen um meinen Rory kümmern würden. Natürlich wirklich nur, wenn Sie möchten. Dann käme er vielleicht nicht nur für ein paar Minuten aus der Wohnung, und Kapitän und er könnten sich den ganzen Tag über unterhalten..."

Der Fall aus juristischer Sicht:

Zur allgemeinen Handlungsfreiheit eines Menschen (Artikel 2 Grundgesetz) gehört es grundsätzlich auch, sich Haustiere zu halten und frei lebende Tiere wie Vögel zu füttern. Diese Freiheit stößt jedoch oft mit der Freiheit von Nachbarn zusammen, die vielleicht andere Vorstellungen von ihrem Zuhause haben. Werden sie von der Tierliebe eines Mitbewohners im Haus belästigt oder entsteht ihnen daraus gar ein Schaden, dann können sie dagegen rechtliche Schritte einleiten (§§1004, 906, 823 BGB).

Und so urteilt das Gericht:

Die Beklagte wird verurteilt, künftig zur Vermeidung einer für jeden Fall der Zuwiderhandlung vom Gericht festzusetzenden Geld- oder Haftstrafe vom Balkon ihrer Wohnung aus keine Tauben mehr zu füttern. Die Beklagte wird weiter verurteilt, an die Klägerin 310 DM nebst 4 Prozent Zinsen seit Klageerhebung zu zahlen. Die Kosten des Rechtsstreits trägt die Beklagte. Der Streitwert für die Unterlassungsklage wird auf 3000 DM festgesetzt.

Die Klage ist begründet.
Der Klägerin steht nach §§1004 und 906 BGB ein Anspruch

darauf zu, daß die Beklagte das Anfüttern der Tauben abstellt. Es ist allgemein bekannt, daß gerade in Großstädten das Taubenfüttern deren Population und örtliche Ansammlung in unzulässiger Weise fördert und daß davon übermäßige Verschmutzungseffekte und Infektionsgefahren ausgehen. Die Beklagte mißachtet das bewußt zum Nachteil der Klägerin. Sie muß die insoweit verursachte und von ihr zu verantwortende Immission abstellen.

Durch Ihr Verhalten hat die Beklagte im Sinne von §823 BGB in die Besitz- und Nutzungsrechte der Klägerin an ihrem Balkon eingegriffen. Darum haftet sie auf Schadenersatz für die von der Klägerin ergriffene Gegenmaßnahme mit dem Schutzgitter, welches wenigstens einen Einflug der Tauben verhindert.

Was lief hier rechtlich ab?

Amalie Haffstetten darf sich grundsätzlich einen Papagei halten, auch einen Hund oder eine Katze, zumal sie ja ganztags zu Hause ist und sich gut um die Tiere kümmern kann. Denn Haustiere zu halten ist Bestandteil der allgemeinen Handlungsfreiheit. Manche Gerichte hebeln sogar Tierhalteverbote in Formularmietverträgen mit dem Hinweis auf dieses Grundrecht aus.

Allerdings ist zu beachten, daß

- die Tiere artgerecht gehalten und nicht gequält werden,
- kein Nachbar durch die Tiere unnötig gestört oder geschädigt wird.

Sonderfall Taube

Aus gutem Grund ist allerdings in den meisten Städten und Gemeinden das Halten und das Füttern von Tauben verboten. Denn diese „Ratten der Lüfte" können mit ihrem Kot Krankheiten übertragen, und ihre Exkremente greifen die Substanz von Gebäuden, von öffentlichen Steinplastiken etc. an. Abgesehen davon kann ihr permanentes Gurren gerade in Ruhezeiten wie frühmorgens, spätabends oder gar nachts störend sein.

Pias Waffe

Pia Sonntag hat versucht, auf ihre Nachbarin gütlich einzuwirken. Da dies nichts nutzte, durfte sie darauf bestehen, daß

- das Taubenfüttern wegen der Schäden und der Belästigung künftig unterbleibt (§§1004, 906 BGB),
- ihr der Aufwand für das Taubennetz erstattet wird, das sie anstelle von Frau Haffstetten in sogenannter Geschäftsführung ohne Auftrag angebracht hat (§§677 ff. BGB).

Wie wurde der Rechtsstreit beigelegt?

Eine gütliche Einigung zwischen Pia Sonntag und Amalie Haffstetten war offenbar nicht möglich, weshalb Frau Sonntag vors Amtsgericht ging:

- Inhalt der Klage: Unterlassung des Taubenfütterns und Ersatz des Aufwandes für das Taubennetz in Höhe von 310 DM.
- Streitwert: 3 310 DM (3 000 DM, die der Richter für die Unterlassung angesetzt hat und 310 DM für das Taubennetz).
- Kosten: Hätten beide Seiten einen Rechtsanwalt beauftragt, wären dafür insgesamt 1 937,20 DM angefallen. Die Gerichtskosten beliefen sich auf 435 DM plus eventueller Kosten für Zeugen und Sachverständige. Insgesamt betrugen die Kosten dieses Rechtsstreits also 2 372,20 DM.
- Prozeßrisiko: Die Aussichten für Pia Sonntag, diesen Prozeß zu gewinnen, hingen davon ab, ob es ihrer Nachbarin erlaubt war, die Tauben zu füttern und – wenn nicht – ob sie das Taubennetz an Stelle ihrer Nachbarin kaufen und

anbringen lassen durfte. Davon mußte beim Tauben-
fütterungsverbot und bei der unzumutbaren Belästigung
ausgegangen werden.

- Rechtsanwalt: Für einen solchen Rechtsstreit kann man
jeden Rechtsanwalt einschalten. Tips zur Anwaltssuche im
Anhang dieses Buches, Seite 165 ff.)

Vergleichsurteile

Vermieter muß Taubendreck „entsorgen"

In einem Fall vor dem Bayerischen Obersten Landesgericht
ging es darum, wer den Taubendreck an einem Mietshaus
beseitigen muß. Denn nicht immer sind es Mieter, die – wie
im Fall von Amalie Haffstetten – ein Tier anlocken. Gerade
in Großstädten nisten sich Tauben gern auf den Dächern
ein. Es wurde entschieden, daß sich der Vermieter um Kot
und Federn auf den Fensterbänken und Balkonen sowie an
den Fassaden kümmern müsse.

(Bayerisches Oberstes Landesgericht – AZ: RE-Miet 2/98

Lieber eine Taube auf dem Dach, als eine hohe Miete

Eine Mietwohnung, die stark von Tauben „umgarnt" war,
wurde für einen Vermieter in Freiburg teuer. Der sorgte trotz
etlicher Beschwerden eines Mieters über die Vogelplage
nicht für Abhilfe. Als sich bei der Frau des Mieters „ge-
sundheitliche Beeinträchtigungen im Zusammenhang mit
allergischen Reaktionen" einstellten und außerdem die
Wohnung unzumutbar verschmutzt wurde (unter anderem
der Teppichboden und Außenputz), zog der Mieter einen
Schlußstrich. Er klagte gegen den Vermieter. Mit Erfolg:
Neben der Mietminderung, die dem Mieter zugesprochen
wurde (hier: um rund ein Drittel), mußte der Vermieter weitere Leistungen erbringen: Schadenersatz für die Verschmut-
zungen und Schmerzensgeld für die Erkrankung (hier: 3 000
DM).

(Landgericht Freiburg – AZ: 3 S 386/96)

Taube auf dem Dach weniger wert als Spatz in der Hand
Ähnlich entschied das Landgericht in Berlin. Auch in dem
dort verhandelten Fall minderte ein Mieter wegen des starken Taubenbefalls die Miete. Das Gericht stimmte ihm zu.
Zehn Prozent durfte er an seinen Überweisungen kürzen.
Die Begründung dafür waren Geruchs- und Geräuschbelästigungen durch die Tiere sowie die Gefahr, daß Ungeziefer
angezogen wird.
(Landgericht Berlin – AZ: 64 S 84/95)

 Tauben dürfen weiter „klecksen"
Ein Hausbesitzer, der sich auch gefährdet sah, für Taubendreck einstehen zu müssen, wollte das Übel direkt an der
Wurzel packen. Er beantragte bei Gericht, einem Nachbarn
zu verbieten, Tauben zu halten. Sein Dach würde durch
„unansehnliche Kleckse verunziert". Das Landgericht Paderborn jedoch sah darin keinen Grund, den Nachbarn zu
verpflichten, die Tauben wieder abzuschaffen.
(Landgericht Paderborn – AZ: 2 O 257/94)

 Im Wohngebiet sind 80 Tauben etliche zuviel
Anders entschied der Baden-Württembergische Verwaltungsgerichtshof. Allerdings ging es hier gleich um 80 Tauben. Das Gericht gab einer Kommune Recht, die einem Tau-
benzüchter den geplanten Bau des Taubenschlags verboten
hatte. Ausschlaggebend für die Richter war, daß der Taubenschlag in einem Wohngebiet entstehen sollte. Die Anwohner würden durch zu erwartendes Flügelschlagen unzumutbar gestört.
*(Baden-Württembergischer Verwaltungsgerichtshof – AZ:
3 S 3136/96)*

 Die Gesundheit der Menschen hat Vorrang
Eine grundsätzliche Entscheidung zu Fütterungen von Tauben in öffentlichen Parks oder anderen Einrichtungen fällte
das Bundesverwaltungsgericht. Es bestätigte einer Kommune das von ihr ausgesprochene Fütterverbot. Schließlich

seien Tauben Krankheitsüberträger und richteten Schäden an Bauwerken an. Auch daß die Tiere gegebenenfalls unter dem Verbot leiden, war für die Richter zweitrangig, da die Gesundheit der Menschen Vorrang vor Tierschutz habe.
(Bundesverwaltungsgericht – AZ: 3 BN 1/97)

Tauben füttern ist verboten
Schon bevor das höchste Verwaltungsgericht über Tauben entschied, sah sich das Oberverwaltungsgericht in Lüneburg einem Taubenfall ausgesetzt. Es unterstützte das Fütterverbot für Tauben auf öffentlichen Straßen und in Parks, das von der Stadt Braunschweig ausgesprochen worden war. Die Richter machten deutlich, daß das Tierschutzgesetz dadurch nicht verletzt werde.
(Oberverwaltungsgericht Lüneburg – AZ: 3 K 5809//96)

Der Baden-Württembergische Verwaltungsgerichtshof hatte ein weiteres Mal über Tauben zu richten. Die Richter entschieden ebenfalls gegen die Vögel. Ein kommunales Verbot, Tauben zu füttern, müsse beachtet werden, andernfalls könnten Buß- und Zwangsgelder (hier ausgesprochen in Höhe von 2 000 DM) verhängt werden.
(Baden-Württembergischer Verwaltungsgerichtshof – AZ: 1 S 473/90)

Persönlichkeitsrecht

Niemand muß es sich gefallen lassen, beleidigt zu werden, ungefragt fotografiert oder auf ähnliche Weise in seiner Privatsphäre traktiert zu werden.

Rechtsgrundlage dafür kann zum Beispiel sein:

- allgemeines Persönlichkeitsrecht
- Recht am eigenen Bild (§22 Kunsturhebergesetz).

Wer zufällig auf ein Foto gerät, hat allerdings keinen Anspruch darauf, daß die Aufnahme vernichtet wird. Und auch Personen der Zeitgeschichte, wie bekannte Politiker oder Filmstars, dürfen bei öffentlichen Auftritten ungefragt fotografiert werden. In ihrer Privatsphäre brauchen aber auch sie sich das nicht gefallen zu lassen.

Gegenwehr

Wer dennoch in seinem allgemeinen Persönlichkeitsrecht verletzt oder unerlaubt fotografiert wird, kann deshalb

- Schmerzensgeld verlangen,
- Schadenersatz verlangen, zum Beispiel wenn dafür sonst ein entsprechendes Honorar fällig geworden wäre,
- Unterlassung für die Zukunft verlangen.

Wenn der Prozeßgegner darauf erwidert, daß ihm nach Artikel 5 Grundgesetz das Recht zur freien Meinungsäußerung zusteht und daß dafür auch Bilder frei verbreitet werden dürfen, dann ist diesem Grundrecht Absatz 2 desselben Artikels entgegenzuhalten: „Diese Rechte finden ihre Schranken in den Vorschriften der allgemeinen Gesetze, den gesetzlichen Bestimmungen zum Schutze der Jugend und in dem Recht der persönlichen Ehre."

Filmen verboten!
Grabenkrieg um die Grundstücksgrenze

Kläger
Sven Petersen war die jahrelangen Grenzstreitigkeiten leid und schritt zur Tat.

Beklagter
Karl Schmidt ist sauer, sein Nachbar wollte die Grundstücksgrenze eigenmächtig neu ziehen.

An einem Samstag im Mai, morgens gegen 9.30 Uhr, beobachtet Sven Petersen vom Küchenfenster aus, wie Grundstücksnachbar Karl Schmidt einen tiefen Graben entlang der gemeinsamen Grundstücksgrenze aushebt. Dabei hackt Nachbar Schmidt rücksichtslos die

Wurzeln wertvoller Pflanzen und Sträucher durch, die auf dem Grundstück der Petersens wachsen, weil sie ihm bei der Arbeit im Weg sind. Petersen berät sich über die nächsten Schritte kurz mit seiner Frau Annemarie, die schon seit längerem kränkelt, weil die ewigen Nachbarschaftsstreitigkeiten sie zermürben. Von ihr bestärkt, geht Sven Petersen hinaus in den Garten und fordert Schmidt ruhig, aber entschieden auf, das Graben zu unterlassen.

Der 72jährige Sven Petersen ist zwar ein kleiner, eher zarter Mann. Er versteht es aber durchaus, sich auf seine Weise dem polternden Schmidt zu widersetzen. Dabei legt er großen Wert darauf, sich von seinem Nachbarn durch ein kultiviertes und gebildetes Auftreten vorteilhaft zu unterscheiden. Anders Karl Schmidt. Als ehemaliger Handwerksmeister ist es der inzwischen 70jährige gewohnt, Menschen klare und verständliche Anweisungen zu geben, ohne dabei durch viele Worte überzeugen zu müssen. Was für ihn zählt, sind Taten. Warum sollte er da in der Sache mit Petersen anders verfahren? Außerdem ist er jetzt wieder mal am Zug. Hat sich doch Sven Petersen gerade vor ein paar Tagen gegen ihn durchgesetzt, als er einen Komposthaufen anlegen wollte. Schmidt hatte sich – aus reiner Schikane, davon ist Petersen überzeugt – für seinen Komposthaufen einen Platz an der gemeinsamen Grundstücksgrenze gesucht. Per einstweiliger Verfügung hatte Petersen erreicht, daß Schmidt nun an einer anderen Stelle seines Gartens kompostiert und dafür sorgen muß, daß er dabei eine Geruchsbelästigung auf dem Nachbargrundstück so gut wie ausschließen kann.

Sven Petersen und seine Frau Annemarie, beide pensionierte Lehrer, sind kinderlos. Als sie vor dreißig Jahren beschlossen, Hannover zu verlassen und in eine ländliche Umgebung zu ziehen, geschah das damals wegen Annemaries angegriffener Gesundheit. Die Petersens sind stille, freundliche Leute, die viel lesen, Musik hören und recht zurückgezogen leben. Kurz nachdem sie hierher gezogen waren, gefiel ihnen zunächst die offene Art ihrer Nachbarn. Doch das ist lange schon Vergangenheit. Inzwischen gehen dem Ehepaar der laute Ton und die vielen anderen Rücksichtslosigkeiten ihrer Nachbarn auf die Nerven.

Bei den Schmidts geht es eher laut und lustig zu. Daran hat sich auch nichts geändert, nachdem die drei Kinder weggezogen sind. Auch heute noch laden sie gern Freunde zu sich ein und singen und grillen im Sommer viel im Freien. Mit den Petersens aber gibt es wegen jeder Kleinigkeit Streit. Mal sind die Schmidts zu laut. Mal ziehen beim Grillen die Dünste zum Petersenschen Grundstück hinüber und davon wird es Annemarie Petersen regelmäßig übel. Dann wieder wühlt Schmidts Dackel ein Loch in das Lieblingsbeet von Frau Petersen. Überhaupt sorgen die Dackel der Schmidts für viel Aufregung. Petersen kann schon gar nicht mehr überschauen, wie oft er in diesen Jahrzehnten seine Blumenbeete wieder in Ordnung gebracht hat. Wenn einer der Hunde verstirbt, sorgen die Schmidts sofort für einen Nachfolger. Petersen kann sich darüber bis zum heutigen Tag nicht beruhigen. Inzwischen hat er einen Ausgleich geschaffen, indem er sich durch kleine, doch nicht weniger wirkungsvolle Schikanen rächt. Die aufreibendsten Auseinandersetzungen haben die beiden Nachbarn immer wieder, wenn es um die gemeinsame Grundstücksgrenze geht. Durch Erdbewegungen, durch Anpflanzungen, durch vom Wind angetriebenes Laub wird die Grenze zu seinem Gartenstück immer wieder überschritten, meint Petersen.

Eigentlich weiß Karl Schmidt Streitigkeiten durch seine offene und hilfsbereite Art immer erfolgreich abzuwenden. Nur einer schafft es zuverlässig, ihm die schlimmsten Unfreundlichkeiten zu entlocken – Sven Petersen.

Immer wieder hat Schmidt sich erboten, die handwerkliche Ausführung zu übernehmen und einen Zaun zwischen den Grundstücken zu ziehen. Doch bis zum heutigen Tag ist es zu einer Markierung der Grenze nicht gekommen. Sein Vorhaben scheitert jedesmal, weil er sich mit Petersen nicht über den notwendigen finanziellen Aufwand einig wird. Und natürlich denkt Schmidt nicht daran, dem verhaßten Nachbarn seine handwerklichen Fähigkeiten unentgeltlich zur Verfügung stellen. Bislang ist noch nicht einmal die Grenze der Grundstücke exakt vermessen, weil jeder am liebsten die Kosten dafür dem anderen unterschieben möchte.

Doch nun will Schmidt dieses Vorhaben auch nicht einen Tag länger hinauszögern. Er hebt an diesem Samstag im Mai einen Graben aus, damit er dann ein etwa 80 Zentimeter tief in den Erdboden reichendes Betonfundament gießen kann. Danach will er Maschendraht zwischen die eisernen Zaunpfähle spannen. In den Augen von Sven Petersen ist das eine bodenlose Frechheit. Diese unverfrorene Rechtswidrigkeit wird er keinesfalls akzeptieren! „Gleich werde ich Sie filmen!", ruft er kurz zu Schmidt hinüber. Schließlich braucht er Beweismaterial für eine einstweilige Verfügung, wenn Schmidt dieses unsinnige Ausschachten nicht unterläßt.

Aber Schmidt gibt seinem Nachbarn zu verstehen, daß ihn der Protest überhaupt nicht interessiert: „Ich mache weiter, bis ich die überwachsenen Grenzsteine freigelegt habe, dann steht endlich einwandfrei fest, wo unsere Grundstücksgrenze liegt!" Mit diesen Worten setzt Schmidt seine Arbeit fort, ohne den Nachbarn weiter zu beachten.

Sven Petersen geht ins Haus zurück und holt seine Videokamera. Zusammen mit seiner Frau ist er ein paar Minuten später wieder im Garten. Vom zänkischen Wortwechsel der beiden Kontrahenten angelockt, ist inzwischen auch Frau Schmidt dazugekommen. Petersen beginnt, den grabenden Schmidt mit der Kamera zu verfolgen – selbstverständlich von seinem Grundstück aus. „Lassen Sie das!", verbittet sich der Nachbar „die Filmerei" ganz energisch. Doch Petersen ist durch nichts mehr aus der Ruhe zu bringen, er hält mit dem Videogerät weiter auf seinen Nachbarn. Wutentbrannt wird Schmidt jetzt handgreiflich. Mit viel Schwung wirft er dem provokativ weiter Filmenden eine Schaufel Erde auf die Kamera. Bei einem Streit mit Petersen schlägt seine sonst offene und fröhliche Art eben schnell in Jähzorn um. Die Sandladung trifft Petersen auch prompt mitten ins Gesicht. Erschrocken läßt der zierliche Mann gleich seine Kamera fallen, bedeckt sein Gesicht schützend mit beiden Händen und verläßt wortlos den Schauplatz.

Jetzt ist das Maß voll! Sven Petersen ist nicht mehr länger bereit, Schmidts selbstherrliches Gehabe zu dulden. Noch am selben Tag reicht er Klage gegen den Nachbarn ein. Er beantragt Schmerzensgeld, denn Schmidt hat ihm die Augenverletzung absichtlich zugefügt, und er fordert Ersatz für die zerstörte Videokamera. Außerdem will Petersen verhindern, daß Schmidt einen Zaun zwischen den beiden Grundstükken errichtet, bevor nicht amtlich geklärt ist, wo genau die Grenze verläuft. Leider sei Schmidt uneinsichtig, was diese Dinge anbelange, kommentiert er den Sachverhalt in seiner Klageschrift. Schmidt bestreite, fährt Petersen fort, daß er seinen Graben bereits auf fremdem Grund und Boden gezogen habe und dabei sei, sich widerrechtlich etwa 1 Quadratmeter Bodenfläche zu erschleichen.

„Die Behauptung des Klägers, ich hätte absichtlich eine Schaufel Sand in seine Richtung geworfen und damit eine Verletzung seiner Augen vorsätzlich herbeigeführt, entspricht nicht den Tatsachen", erwidert Karl Schmidt darauf. Weiter schreibt er: „Richtig ist vielmehr, daß mir in meiner Erregung beim Ausschachten der Spaten ausgerutscht ist. Ich habe dem Kläger weder drohen noch ihn treffen wollen. Meinen Erregungszustand hat der Kläger ganz allein selbst zu verantworten, weil er mich gegen meinen Willen mit seiner Kamera aufgenommen hat. Bis zum Beweis des Gegenteils gehe ich auch davon aus, daß die Kamera des Klägers nicht ernsthaft beschädigt wurde. Denn schließlich war es nur eine ganz geringe Menge Sand, die Herr Petersen beim Filmen abbekommen hat.
Besonders hervorheben möchte ich jedoch noch einmal, daß ich mich vehement gegen die Videoaufnahme, die mich beim Graben zeigt, verwahrt habe. Es ist mir deshalb überhaupt nicht recht, wenn diese Aufzeichnungen vor Gericht als Beweismittel eingesetzt werden!"

„Aber gerade die Videokassette gibt wieder, wie sich der Streit wirklich abgespielt hat", wendet Kläger Petersen später vor Gericht ein. Dabei beschreibt er, wie sehr er sich zusammengerissen und auf jede provozierende Attitüde verzichtet habe, als er den grabenden Nachbarn zu filmen begann. Selbstverständlich habe er mit keinem einzigen Schritt dabei das Nachbargrundstück betreten. Der Beklagte Herr Schmidt sei wie üblich wieder ausfallend geworden. Das könne er diesmal ja glücklicherweise durch die Tonaufnahme auf dem Videoband beweisen, die wie durch ein Wunder intakt geblieben sei, merkt Petersen vor Gericht zufrieden an. „Dieser rüde Ton, den Herr Schmidt anschlug, als er verlangte, ich solle die Kamera abstellen – das kann sich keiner vorstellen, eh er es nicht selbst gehört hat!" empört er sich anschließend. „Als ich die Aufnahmen trotzdem fortgesetzt habe, wurde Herr Schmidt so richtig ungehalten. Ich sah ihn noch, wie er mit der Schaufel in beiden Händen kräftig ausholte und dann traf mich auch schon das Sandbombardement.

Mit einem Attest meines Arztes kann ich beweisen, daß der Schmutz, der dabei in meine Augen gedrungen ist, eine schmerzhafte Reizung der Bindehaut hervorgerufen hat."

Bevor es zu einem Urteil kommt, möchte der Richter noch wissen, ob ein Zaun überhaupt nötig sei und weshalb Schmidt seine Grabarbeiten nicht einfach abgebrochen habe. Denn dann wäre doch der ganze Streit vermeidbar gewesen.

Daraufhin berichtet Schmidt von den vielen unerquicklichen Auseinandersetzungen wegen seiner Dackel, die auf dem Grundstück des Klägers nach Mäusen gegraben hätten, weil sie kein Zaun daran gehindert habe. Um allein solchem Zank ein für allemal aus dem Wege zu gehen, müsse so schnell wie möglich etwas getan werden. Mit seiner Pfennigfuchserei habe es sich sein Nachbar ganz allein zuzuschreiben, daß die Grundstücksgrenze immer noch nicht festgelegt sei: „Wenn es nach mir ginge, würde ich am liebsten eine hohe Mauer bauen, um meinen Nachbarn nicht mehr sehen zu müssen." Mehr will Karl Schmidt dazu nicht sagen.

Der Fall aus juristischer Sicht:

Niemand muß es sich gefallen lassen, ungefragt von jemandem fotografiert oder gefilmt zu werden. Das gilt jedenfalls im Grundsatz nach §22 Kunsturhebergesetz, auch nach dem Recht auf informationelle Selbstbestimmung, ein Begriff, den das Bundesverfassungsgericht vor allem im Bereich des Datenschutzes und der Datensammelleidenschaft des Staates entwickelt hat. Dieser Grundsatz gilt auch im Nachbarrecht. Allerdings kann es zur Beweissicherung nötig sein, den Nachbarn doch aufzunehmen und erst recht dürfte er gefilmt werden, wenn er gerade bei einer Straftat ertappt wird. Doch generell obliegt es nicht dem Fotografen zu beurteilen, ob, wann, womit und wie lange er seinen Nachbarn ablichtet.

Und so urteilt das Gericht:

Die Klage wird abgewiesen. Der Beklagte wird verurteilt, an den Kläger 100 DM zu zahlen.
Die Kosten des Rechtsstreits werden gegeneinander aufgehoben.

Der Beklagte wird aufgefordert, die Reparaturkosten für die Videokamera zu bezahlen, da der Schaden durch ihn verursacht wurde. Im übrigen sind Videoaufnahmen von anderen, noch dazu auf deren eigenem Grundstück, ein schwerer Eingriff in das Persönlichkeitsrecht und damit nicht zulässig.
Dem Kläger steht für die erlittenen Schmerzen am Auge lediglich ein Schmerzensgeldanspruch in Höhe von 100 DM zu. Von einem höheren Ausgleich sieht das Gericht ab, da das ärztliche Attest keine ernsthafte Arbeitsunfähigkeit bescheinigt. Das Gericht hält es der Sache nach für angemessen, die Höhe des Schmerzensgeldes nach der Höhe der Unkosten auszurichten, die dem Beklagten durch die Reparaturkosten der Videokamera entstanden sind.

Was lief hier rechtlich ab?

Karl Schmidt wollte sich endgültig und eindeutig von seinen Nachbarn abgrenzen. Das wäre kein größeres Problem geworden, wenn der Grenzverlauf und der Zaun als gemeinsame Sache betrachtet worden wären. Doch so kam es zum tätlichen Streit und zum juristischen Grabenkrieg.

- Dabei war die Suche von Karl Schmidt nach Grenzsteinen ziemlich ungeeignet, denn in der Regel werden solche zwischen Privatgrundstücken nicht gesetzt. Beim Streit über den Grundstücksverlauf hätte hier eher eine Anfrage beim Katasteramt, eventuell auch eine erneute Vermessung geholfen.

- Wenn Schmidt gleichwohl einen Graben zog, um frostsichere Betonierungen für Zaunpfosten anzubringen, kann sich Petersen bei unklarem Grenzverlauf dagegen wehren.

Petersens Beweisfilm

Doch filmen durfte er seinen grabenden Nachbarn nicht. Gegen ihren erklärten Willen brauchen sich nur „Personen der Zeitgeschichte", also Prominente, filmen zu lassen und selbst diese können sich Aufnahmen in ihre Privatsphäre hinein verbitten.

Ein Privatmann wie Schmidt muß sich Filmaufnahmen erst recht nicht gefallen lassen. Diese verstoßen gegen §22 Kunsturhebergesetz und verletzen ihn in seinem allgemeinen Persönlichkeitsrecht. Daß Schmidt grub, mußte nicht per Film festgehalten werden, denn erstens hätte er das wohl auch vor dem Amtsrichter nicht abgestritten, zweitens hätte dies auch Frau Petersen bezeugen können, drittens hätte der Richter bei einem Ortstermin den Graben oder später den Zaun in Augenschein nehmen können.

Wie wurde der Rechtsstreit beigelegt?

Bei ihrem Grabenkrieg mochten die beiden Nachbarn offenbar nicht an eine gütliche Einigung denken. Daher Sven Petersens Klage beim Amtsgericht.

- Inhalt der Klage: Schadenersatz für die defekte Kamera und Schmerzensgeld für das lädierte Auge (§823 BGB).

- Streitwert: Der Streitwert wurde vom Amtsrichter festgelegt und orientierte sich an den Reparaturkosten für die Kamera (500 DM) und am Schmerzensgeld (100 DM), insgesamt also 600 DM.

- Kosten: Sobald beide Seiten einen Rechtsanwalt beauftragen, fallen dafür insgesamt 440,80 DM an. Die Gerichtskosten beliefen sich auf 150 DM plus eventueller Kosten für Zeugen und Sachverständige. Insgesamt betrugen die Kosten dieses Nachbarschaftsstreits also mindestens 590,80 DM.

- Prozeßrisiko: Die Chancen für Sven Petersen standen nicht gut. Denn er durfte seinen Nachbarn gegen dessen erklärten Willen nicht filmen. Anderseits durfte ihn dieser nicht mit Erde bewerfen, wobei ihm hier aber nur Fahrlässigkeit und damit eine geringe Schuld nachzuweisen war.

- Rechtsanwalt: Für diesen Rechtsstreit ließe sich jeder Rechtsanwalt einschalten. Für die Zukunft sinnvoller wäre es allerdings, wenn Schmidt und Petersen sich mit Hilfe des Katasteramts über den Grenzverlauf verständigen, einen Zaun in Auftrag geben und sich die Kosten dafür teilen.

Vergleichsurteile

 Sichtblende neben Zaun macht Sonne unsichtbar
Genau wie im Streitfall Karl Schmidt und Sven Petersen gab es im Rheinischen Ärger über die eigenhändige Errichtung einer Grundstückstrennung. Ein Eigentümer stellte zusätzlich zu einem bereits vorhanden Zaun eine 1,90 Meter hohe Sichtblende auf. Begründung: Die 1,20 Meter des Zaunes schützten ihn nicht genug vor den Blicken seiner Nachbarn. Der Verwalter der Wohneigentumsanlage (und gleichzeitige Nachbar) sah sich einer „baulichen Veränderung"

111

ausgesetzt, zu der weder er noch die anderen Eigentümer ihre Zustimmung gegeben hatten. Dies wäre aber – einstimmig – erforderlich gewesen. Nach dem Urteil des Oberlandesgerichts in Köln mußte deshalb die Sichtblende wieder entfernt werden.

(Oberlandesgericht Köln – AZ: 16 Wx 3/98)

 Fußbälle im Abseits – Schadenersatz für den Landwirt
Ein ganz anderes Problem mit einer Grundstücksbegrenzung hatte ein Landwirt. Der örtliche Fußballverein hatte seinen neuen Rasenplatz auf dem früheren Feld eines anderen Bauern angelegt. Seit das neue Spielfeld Fußballherzen höher schlagen ließ, stieg auch des Landwirts Blutdruck. Jeden Tag liefen die Aktiven über seine Felder und Pflanzen, um nach verschossenen Elfmetern und verunglückten Flanken oder Fehlpässen Bälle aus dem Gebüsch zu holen. Schließlich klagte er vor dem Hessischen Verwaltungsgerichtshof gegen den Verein. Er wollte, daß ein „schußsicherer" Zaun um das Sportgelände gezogen wird. „Zu teuer", so die Richter. Der Verein muß ihm lediglich den verursachten Schaden, der pauschal mit 350 DM jährlich festgelegt wurde, erstatten.

(Hessischer Verwaltungsgerichtshof – AZ: 6 UE 876/92)

 Eisenspitzen sind „unverhältnismäßig"
Zu wesentlich härteren Maßnahmen griff ein Grundstückseigentümer, um sein Grundstück zu schützen. Er wollte seinen Teil eines Bürgersteiges, der in der Kurve einer stark befahrenen Straße liegt, von gelegentlich darüber fahrenden Autos befreien. So entschloß er sich, Eisenspitzen auf dem Gehweg einzubetonieren. Das Recht, sich vor solcher Unbill zu schützen, wollten ihm die Richter am Verwaltungsgericht Trier auch nicht absprechen. Jedoch rieten sie dem eisenharten Grundstückskämpfer, weniger gefährliche Maßnahmen zu ergreifen, etwa einen kleinen Zaun zu setzen.

(Verwaltungsgericht Trier – AZ: 1 L 1144/95

Zwischen Schmidt und Petersen wurde nicht nur wegen der geplanten Anbringung eines Zaunes gestritten, sondern auch um die Dokumentation des Vorhabens Schmidts mit Petersens Kamera. Zu diesem Thema äußerten sich Deutschlands Richter bisher sehr unterschiedlich:

Überwachung nur ohne Kamera

Ein Hausbesitzer nahm an, daß sein Nachbar den Grenzzaun, der vor Jahren gegen dessen Willen aufgestellt worden war, „irgendwie beschädige". Es kam nämlich immer wieder vor, daß eine Holzlatte fehlte oder der Boden am Zaun untergraben wurde, so daß die Begrenzung locker stand und manchmal drohte umzukippen. Ihm kam die Idee, den Bereich „Tag und Nacht" zu filmen, um die Geschehnisse per Video festzuhalten. Der Nachbar aber klagte vor dem Pfälzischen Oberlandesgericht Zweibrücken auf „Abmontage" der Kamera; er wolle sich nicht Tag für Tag filmen lassen. Er bekam recht. Die Richter forderten den Neugierigen auf, die Kamera wieder abzubauen.
(Oberlandesgericht Zweibrücken – AZ: 7 U 123/89)

Der Störenfried muß sich an Videoanlage „beteiligen"

Ganz anders beurteilten Richter das Vorgehen eines anderen Hausbesitzers. Denn auch der installierte eine Videokamera, um seine Nachbarin zu überführen. Er nahm an, daß sie permanent Müll über den Zaun warf. In regelmäßigen Abständen fand er Verpackungsmaterialien, Blechdosen oder anderen Unrat auf seinem Grundstück. Um das zu beweisen, baute er eine Kamera auf, die auf einigen Bändern später tatsächlich die junge Frau dabei zeigte, wie sie einen „Gelben Sack" leerte. Der Beweis wurde vom Oberlandesgericht Nürnberg anerkannt, und der Frau wurden sogar die Kosten für die Anschaffung der Videokamera in Rechnung gestellt. Allerdings nur zur Hälfte, da der Eigentümer auch „künftig einen Vorteil aus der Video-Anlage ziehen würde", so die Richter.
(Oberlandesgericht Nürnberg – AZ: 13 W 1699/95)

Videokamera aufbauen allein ist nicht strafbar
Ein niedersächsischer Hauseigentümer hatte eine Videokamera an seinem Schlafzimmerfenster installiert, die auch
das Grundstück seiner lebhaften Nachbarin „im Blick hatte". Allein das Aufstellen der Kamera sei noch kein Eingriff
in das Persönlichkeitsrecht der Frau, so das Landgericht
Braunschweig. Dem Mann wurde allerdings untersagt, die
Kamera „beliebig" einzusetzen. Das gelte auch dann, wenn
er das Nachbargrundstück deswegen aufnehmen wollte, um
die ständigen Lärmbelästigungen, die angeblich von den
„Großveranstaltungen" dort ausgingen, zu dokumentieren.
(Landgericht Braunschweig – AZ: 12 S 23/97)

Ein unerlaubtes Foto und Abfallentsorgung in Nachbars Tonne

Marilyns Müll

Kläger
Ulf Fichtner hat sich in Anne verguckt und benimmt sich wie ein verschmähter Liebhaber.

Beklagte
Anne Kühn weiß um ihre Wirkung auf Männer, will aber kein Freiwild sein.

Von einer solchen Nachbarin hat Ulf Fichtner bislang nicht einmal zu träumen gewagt: Die 23jährige Sportstudentin Anne Kühn ist eine lebenslustige, unkomplizierte junge Frau – und außergewöhnlich attraktiv: groß, schlank, wohlgeformt, mit einem weichen offenen Gesicht und einer wilden blonden Mähne. Entsprechend selbstbewußt präsentiert sie ihre weiblichen Reize und weiß deren Wirkung zu ihrem Vorteil zu nutzen. Nicht zuletzt ihrem einnehmenden Äußeren und ihrem strahlenden Lachen verdankt sie den Mietvertrag für das ausgebaute ehemalige Gartenhaus in einem schicken Münchner Vorort, das sie seit nunmehr zwei Jahren bewohnt. Anne hatte sich problemlos gegen 40 Mitbewerber durchgesetzt, obwohl die meisten einen solideren Hintergrund zu bieten gehabt hatten, als den einer stets von Geldsorgen geplagten Sportstudentin. Und trotz des für ihre Verhältnisse eigentlich zu hohen Mietpreises hat sie ihre damalige Entscheidung, in das märchenhaft zugewucherte Hexenhäuschen im hinteren Teil eines großen Grundstückes zu ziehen, nicht eine Sekunde bereut.

Auf dem Grundstück nebenan, das von Annes kleinem Garten Eden nur durch eine niedrige Hecke getrennt ist, wohnt der 43jährige Ulf Fichtner – ein netter, aber biederer Langweiler, wie Anne Kühn findet – in einem Einfamilienhaus. Er ist geschieden und hat zwei sympathische Söhne im Alter von sechs und neun Jahren. Sie leben zwar bei der Mutter, besuchen aber übers Wochenende oft ihren Vater. Anne hat die beiden Jungs ins Herz geschlossen, die ihrerseits von ihrer frischen, unkomplizierten Art begeistert sind. So toben sie gerne zu dritt durch die beiden Gärten, immer hin und her durch die Hecke. Dabei entgeht es Anne Kühn keineswegs, wie Ulf Fichtner ihnen zusieht und insbesondere sie mit seinen Augen verschlingt. Nicht daß ihr solche Blicke fremd gewesen wären, zu oft schon hat sie solche Reaktionen der Männer auf sie erlebt. Aber im Fall des farblosen Ulf Fichtner findet sie es eher lächerlich, schließlich könnte er ihr Vater sein. Trotzdem hat sie das sichere Gefühl, daß ihr Nachbar sich ein wenig in sie verguckt hat. Offensichtlich leidet er wie so viele Männer an Selbstüberschätzung, denn in Annes Augen ist der Mittvierziger ein verklemmter Möchtegern-Macho ohne jeden Mumm und Charme. Gelegentlich sucht er eher linkisch das Gespräch und versucht zu flirten, doch zu mehr als ein paar belanglosen Sätzen über die Kinder oder seinen Beruf als Leiter einer Abteilung für Damenoberbekleidung in einem Kaufhaus reicht es nie. Anne Kühn reagiert in diesen Fällen immer freundlich, aber distanziert auf den biederen Nachbarn. Nur manchmal, wenn er sie heimlich hinter seiner Wohnzimmergardine stehend beobachtet, kann sie es sich nicht verkneifen, ihren Oberkörper aufreizend durchzudrücken und die strohblonden Haare zurückzuwerfen.

Eines Tages hat Anne bei einem Stadtteilfest einen Stand aufgebaut, an dem sie Kindern gegen Entgelt Schmetterlinge, Blumen, Katzenköpfe und andere Motive ins Gesicht malt. Auch Ulf Fichtner ist mit seinen Söhnen da, und die begeisterten Jungs wollen von Anne als Clown und Indianer bemalt werden. Als Ulf Fichtner bezahlen will, wehrt sie ab: „Das ist ein Geschenk für ihre Söhne." Der verunsicherte Nachbar stottert etwas von „revanchieren" und „mal zum Essen einladen", aber Anne lächelt ihn nur an und wendet sich dem nächsten Kind zu.

Fichtners Söhne sind von Annes Bemalung derart begeistert, daß sie fotografiert werden möchten. Als ihr Vater deshalb am frühen Abend mit ihnen in den Garten geht, tritt wenig später auch Anne Kühn aus ihrem Häuschen. Sie ist auf dem Weg zu einer Rock'n' Roll-Veranstaltung, bei der sie als Tänzerin auftritt, und trägt ein atemberaubendes, weißes Kleid mit einem Plisseerock im 50er-Jahre-Look. Die Taille ist mit einem Gummigürtel geschnürt und die Füße stecken in roten Schuhen. Ulf Fichtner staunt mit offenem Mund und auch seine beiden Söhne starren auf Anne, die ihnen lachend zuwinkt. Plötzlich erfaßt ein Windstoß ihren Rock und weht ihn so hoch, daß man ihre makellosen Beine bis zum Hüftansatz sehen kann. Nur mühsam bändigt Anne ihren Rock und fährt im Sportwagen eines jungen Mannes davon.

Ulf Fichtner ist glücklich. Denn geistesgegenwärtig hat er auf den Auslöser seines Fotoapparates gedrückt und Anne in dem Moment auf Zelluloid gebannt, in dem sie mit ihrem Rock kämpfte. Aufgeregt knipst er den Film voll und gibt ihn zum Entwickeln. Und tatsächlich, er hat ein Traumfoto von Anne geschossen. „Wie das berühmte Luftschacht-Foto mit Marilyn Monroe", bestaunt Ulf Fichtner Annes Abbild. „Allerdings mit dem kleinen, aber feinen Unterschied, daß Marilyn Monroe nicht im Nachbarhaus lebt", feixt er und sieht seine Chance gekommen. Er läßt sich zwei großformatige Abzüge machen. Einen hängt er in die Türe seines Kleiderschranks, den anderen überreicht er in einem verschlossenen Umschlag mit einer leicht anzüglich formulierten und, wie er findet, witzigen Esseneinladung auf der Rückseite seiner Nachbarin.

Erstaunt über den unerwarteten Besuch öffnet Anne neugierig das Kuvert und erstarrt, als sie das Foto herauszieht. Wie kommt Ulf Fichtner zu diesem kompromittierenden Foto? „Was soll das? Wer hat Ihnen erlaubt, mich zu fotografieren?", braust sie empört auf. Ulf Fichtner stottert: „Das ist doch ein wunderschönes Foto! Sie sehen richtig sexy aus. Besser als das Original – und vor allem lebendig." Er lacht verlegen und deutet auf die Rückseite, um Anne auf seine Einladung hinzuweisen. Der stockt beim Lesen fast der Atem: „Beim Anblick von derart knackigem Fleisch habe ich Lust auf ein opulentes Mahl bekommen. Es wäre schön, wenn ein so knackiger Käfer wie Sie, liebe Anne, mich zu „Feinkost Käfer" begleiten würde." Im ersten Moment will Anne dem Nachbarn eine Ohrfeige verpassen. Doch als sie seinen treudoofen und erwartungsvollen Hundeblick sieht, muß sie schallend lachen. „Das ist doch nicht Ihr Ernst, Papi", japst sie und wischt sich die Lachtränen aus dem Gesicht. „Ich bin doch keine Grufti-Braut. Da haben Sie sich aber gewaltig vergaloppiert!"

Jetzt wird auch Ulf Fichtner wütend. „Ich lasse mich doch nicht von einer Göre auslachen!", schnaubt er. „Erst die Männer heiß machen und sie dann kalt abblitzen lassen. Ekelhaft!" „Sie sind ekelhaft! Und Sie leiden an Selbstüberschätzung", kontert Anne Kühn böse. „Schauen Sie sich doch mal im Spiegel an! Ein Gesicht wie Quasimodo und dazu den Charme einer Packung Zwieback! Aber dann mit einem ekligen Anmachtext junge Frauen aufreißen wollen." Ulf ist wie von Donner gerührt. „So denken Sie über mich?", murmelt er und senkt betroffen den Kopf. „Bin ich wirklich so häßlich?" Anne wird es ganz mulmig. Fast bekommt sie Mitleid mit ihrem Nachbarn. „Meine Güte, nein... Es gibt sicher Frauen, die Sie klasse finden. Frauen in Ihrem Alter, meine ich." Doch Ulf Fichtner trottet wortlos davon. „Ich wollte Sie nicht auslachen, das ist mir rausgerutscht. Das dürfen Sie nicht so ernst nehmen", ruft sie ihm verschreckt hinterher. Doch in ihrem Häuschen packt sie wieder der Zorn. „Wie kann dieser Idiot nur so ein Foto von mir machen? Der schießt mich ab, als sei ich Freiwild!"

Einige Tage später spricht sogar Ulf Fichtners ältester Sohn Anne auf das „scharfe Foto" an. „Hey, sag nicht solche Sachen", ermahnt Anne ihn. „Wann hast Du das Bild überhaupt gesehen?" „Das hat Papi in seinem Kleiderschrank hängen", antwortet er und fügt keck hinzu: „Schade, daß Du darauf ein Höschen anhast." Anne glaubt nicht recht zu hören. „Du bist ganz schön frühreif mit Deinen neun Jahren, mein Lieber. So redet ein Junge nicht mit einer Frau, hörst Du! Und schon gar nicht in Deinem Alter", ermahnt sie ihn halb ernst, halb scherzhaft. Insgeheim aber kocht sie vor Wut. Wie entwürdigend! Ihr Bild im Kleiderschrank des Nachbarn, mit Einblick bis hoch zum Bauchnabel. Und nun ist sie scheinbar nicht nur für notgeile ältliche Herren, sondern auch schon für Neunjährige ein Sexobjekt. „Spätestens nächste Woche wissen alle Kinder in der Straße, welche Farbe mein Slip hatte", murmelt sie entsetzt.

Am nächsten Morgen steht der Nachbar schon wieder vor Annes Haustür. Sie kann es nicht fassen. Wütend funkelt sie ihn an. „Sie bringen sicher das Negativ und wollen sich entschuldigen, oder?" „Nein, aber Sie werden sich entschuldigen müssen", trumpft er auf. „Ich habe Sie vergangenen Abend durch meinen Garten schleichen sehen. Und was habe ich heute morgen in meiner Mülltonne gefunden? Fremden Abfall! Können Sie sich das irgendwie erklären?"

Das könnte Anne Kühn gut. Schon lange wirft sie ihren Müll in die umliegenden Tonnen, bevorzugt in Ulf Fichtners großes Abfallbehältnis, das noch aus glücklichen Familienzeiten stammen mußte. Anne empfindet die Müllgebühren in München als exorbitant hoch. Weil sie stets knapp bei Kasse ist, hat sie sich nur die kleinste Tonne gemietet und läßt diese auch nur 14tägig leeren. Aus diesem Grund muß sie gelegentlich ihren Müll anderweitig verteilen. Doch da Ulf Fichtner sie offensichtlich nur im Garten, nicht aber an seiner Mülltonne gesehen hat, beschließt Anne, ihn zu belügen. „Ja, ich war kurz in Ihrem Garten, um ein Haarband zu suchen, das mir Ihr ältester Sohn gestern beim Spielen aus den Haaren gezogen hat. Und das habe ich mir geholt, wenn's recht ist", gibt sie schnippisch zurück. „Oh nein, Frau Neunmalklug, das zieht nicht", antwortet ihr Gegenüber hämisch. „Ich habe Sie nämlich gestern nicht zum ersten Mal beobachtet. Seit zwei Jahren finde ich immer wieder fremden Abfall in meiner Tonne. Und seit zwei Jahren wohnen Sie hier. Was es doch für Zufälle gibt!" Angriff ist die beste Verteidigung, denkt Anne und beschließt, in die Offensive zu gehen. „Sie wollen doch nur von Ihren Unverschämtheiten ablenken! Aber das zieht bei mir nicht. Ihre Mülltonne interessiert mich nicht. Ich will das Negativ des Fotos und zwar sofort." Doch Ulf Fichtner lächelt nur ironisch. „Ich glaube, das muß ich verlegt haben. Und was den Müll angeht, da werden wir ja sehen."

Bald darauf bekommt Anne Kühn eine Klageschrift zugestellt, in der ihr Nachbar von ihr anteilig für die vergangenen zwei Jahre Nutzungsgebühr für seine Mülltonne verlangt und sie zusätzlich auffordert, nie wieder seinen Garten zu betreten. Anne ist fassungslos und reicht Gegenklage ein. Sie möchte das Negativ und alle Abzüge des kompromittierenden Fotos haben.

Vor Gericht erläutert Ulf Fichtner seine Klage. „Ich habe ständig fremden Abfall in meiner Mülltonne und schon mehrfach konnte ich Anne Kühn dabei beobachten, wie sie zu meiner Tonne schlich. So habe ich unter anderem – immer schön umsichtig unter einer Schicht meines Abfalls versteckt – leere Ölsardinen-Dosen und Aalhaut gefunden, obwohl in meinem Haus kein Fisch gegessen wird, weil ich dagegen allergisch bin."

Anne Kühn weist die Anschuldigungen zurück: „Ich esse fast jeden Tag in der Mensa, da fällt kaum Müll bei mir an. Und selbst wenn irgend jemand seinen Müll in Herrn Fichtners Tonne werfen sollte, entstehen für ihn dadurch keine Mehrkosten. Die Müllgebühren ändern sich schließlich nicht, wenn die Tonne statt drei Viertel ganz voll ist. Das hier ist also nur ein Scheingefecht. Herr Fichtner will und wollte nämlich nie Geld von mir für seine blöde Mülltonne. Was er will, hat er mir anderweitig deutlich zu verstehen gegeben. Anfangen sollte es mit einer Esseneinladung und danach... na ja, wie immer bei den Männern. Von wegen, ich soll seinen Garten nicht mehr betreten! Wenn ich mit seinen beiden Söhnen draußen spiele, steht er lüstern hinter seiner Gardine am Fenster und läßt mich keine Sekunde aus den Augen."

„Frau Kühn tut hier so, als könne sie kein Wässerchen trüben", verteidigt sich Ulf Fichtner, „dabei hat sie mich durch ihr Verhalten geradezu aufgefordert. Doch so sind die Frauen. Erst machen sie einen heiß und dann spielen sie die Empörte und Keusche. Und das nur wegen einer harmlosen Essenseinladung mit einem lustigen Text. Aber Sie sehen ja selbst, Herr Richter, mit welchen Mitteln sich Frau Kühn Vorteile zu verschaffen sucht", sagt Fichtner und deutet vielsagend auf Annes knappes Trägerkleidchen.

Anne Kühn unterbricht ihn empört. „Ihre typischen Männerphantasien muß ich mir nicht länger anhören. Ich kenne sie zur Genüge. Wenn sich eine Frau schön anzieht, ist sie Freiwild und selbst schuld. Als wenn ein Amtsgericht sich von ein bißchen nackter Haut beeinflussen ließe", lächelt sie den Richter an. „Genauso ist es auch mit meinem Foto in Herrn Fichtners Kleiderschrank, das dort wie ein Pornobildchen im Spind eines Bundeswehrsoldaten hängt. Doch auch wenn Herr Fichtner aufgrund seines Wunschdenkens eine andere Ansicht über mich hat: Ich finde es abartig, für die pubertären Phantasien von Vater und Sohn herhalten zu müssen. Deshalb verlange ich die Herausgabe des Negativs und aller Fotos."

„Das sind doch olle Kamellen", entgegnet Ulf Fichtner herablassend. Das Foto im Schrank habe ich längst weggeworfen, und das Negativ muß ich verlegt haben, denn ich finde es nicht mehr. Damit wäre dieses lächerliche Problem nun hoffentlich gelöst. Bleibt nur noch die Frage, Herr Richter, ob Frau Kühn auch weiterhin ihren Müll in meine Tonne werfen darf." Anne tippt sich gegen die Stirn. „Das muß ich verlegt haben", äfft sie Fichtner nach, „Hokuspokus, schon ist das ‚lächerliche Problem gelöst'." Sie grinst ihren Nachbarn frech an: „Und ich habe keinen Müll in Ihre Tonne geworfen. Hokuspokus, schon ist auch dieses lächerliche Problem gelöst."

Der Fall aus juristischer Sicht:

Nach §22 Kunsturhebergesetz muß sich grundsätzlich niemand gegen seinen Willen fotografieren oder filmen lassen. Allerdings verlangt diese Vorschrift die Einwilligung des Abgebildeten nur dann, wenn die Aufnahmen später „verbreitet oder öffentlich zur Schau gestellt werden". Wer also seine Nachbarin nur für private Zwecke fotografiert, braucht nicht unbedingt ihre Zustimmung, es sei denn, andere haben Zugang zu den Aufnahmen.

Ein ganz anderes Thema ist der zweite Streitpunkt des Falles: die unerlaubte Mitbenutzung der Mülltonne. Dagegen kann sich derjenige wehren, der die Müllgebühren bezahlt, indem er darauf besteht, daß der Nachbar künftig nicht mehr sein Grundstück betritt (§§1004, 906 BGB) und indem er eventuell für die Vergangenheit einen Kostenanteil für die Mitbenutzung verlangt.

Und so urteilt das Gericht:

Klage und Widerklage werden abgewiesen.

Die Kosten des Rechtsstreits werden gegeneinander aufgehoben.

Weder die Klage noch die Widerklage sind begründet.

Für die anteilsmäßige Inrechnungstellung der Müllgebühren durch den Kläger fehlt es an einer Rechtsgrundlage. Soweit der Kläger darauf abstellen will, daß die Beklagte durch das Abladen des Mülls in seiner Tonne zusätzliche Müllgebühren gespart haben soll, kann er sich nicht auf sogenannte ungerechtfertigte Bereicherung berufen; denn eine meßbare Bereicherung ist nicht eingetreten und jedenfalls wieder in Wegfall gekommen (§818 BGB). Ein Schadenersatzanspruch, etwa aus unerlaubter Handlung (§923 BGB, in Verbindung mit §§33 und 22 KunstUrhG), ist nicht entstanden; denn die Beklagte hat zwar eigenmächtig und unbefugt ihren Müll in die Klägertonne gefüllt, aber ein meßbarer Schaden ist vom Kläger nicht dargetan worden. Seine Mülltonne ist so wie immer und nicht etwa öfter und darum gebührenträchtiger abgeholt worden. Die Beklagte betritt schon seit einiger Zeit das Grundstück des Klägers nicht mehr und hat das auch für die Zukunft versprochen. Insoweit fehlt es für die Unterlassungsklage an Rechtsschutzbedürfnis.

Die Beklagte hat zwar ein Recht am eigenen Bild und kann gegenüber einem unbefugten Fotografieren verbunden mit Kompromittierung in analoger Anwendung von §§1004 und 923 BGB Abwehrmaßnahmen geeigneter Art ergreifen. Das fragliche Bild ist aber im familiären Rahmen und in Verbindung mit familiärem Anlaß (Kontakt zu den Söhnen des Klägers) aufgenommen. Außerdem ist das Foto im eigentlichen Sinne nicht kompromittierend. Denn die Beklagte, die Tänzerin ist und auf öffentlichen Veranstaltungen auftritt, zeigt auch dort nach gerichtlicher Einschätzung unverhüllt ihre Beine, wobei sie jederzeit fotografiert und diese Bilder x-beliebig ihren Weg nehmen können. Sie kann sich aus diesem Foto nicht ehrlich beeinträchtigt fühlen, und Abwehrmaßnahmen können ihr nicht zuerkannt werden.

Was lief hier rechtlich ab?

Ulf Fichtner nutzte die Gunst der Sekunde und fotografierte seine Nachbarin. Das hätte jedoch ihrer Zustimmung bedurft, denn nach §22 Kunsturhebergesetz hat Anne Kühn ein „Recht am eigenen Bild". Ausnahmen hierfür gelten zum Beispiel, wenn

- eine Person der Zeitgeschichte fotografiert wird (Beispiel: Prominente auf der Straße),.
- eine Person aufgenommen wird, die nur zufällig auf einem Foto von einer Landschaft oder einem Ort zu sehen ist (Beispiel: Foto vom Strand mit vielen anderen Badegästen),
- eine Person aufgenommen wird, die an einer Versammlung, Demonstration oder ähnlichem teilgenommen hat (Beispiel: Foto vom Karnevalsumzug),

- eine Person fotografiert wurde und die Veröffentlichung dieses Fotos „einem höheren Interesse der Kunst dient".

Allerdings darf auch in den vorgenannten Fällen kein berechtigtes Interesse des Fotografierten verletzt werden (Beispiel: Kompromittierende Paparazzi-Fotos vom Bundeskanzler im Urlaub dürfen nicht veröffentlicht werden).

Nicht wie Marilyn

Anders als Marilyn Monroe, die mit der berühmten Aufnahme ihres hochfliegenden Rockes über dem U-Bahn-Schacht einen Teil ihrer Gage verdiente, war Anne Kühn keineswegs mit den Aufnahmen einverstanden. Doch waren deshalb die Aufnahmen ihres Nachbarn verboten?

Freie Fotos

Nein, denn da Ulf Fichtner die Fotos nur privat benutzte, verstieß er schon mangels Veröffentlichung nicht gegen §22 Kunsturhebergesetz. Und auch das allgemeine Persönlichkeitsrecht seiner Nachbarin wurde dadurch nicht rechtlich relevant beeinträchtigt, weil sie die Aufnahmen nicht in ihrer Ehre verletzten.

Hätte Fichtner die Fotos öffentlich verwertet, hätte Anne Kühn

- die Herausgabe der Fotos und der Negative,
- Unterlassung jeglicher Veröffentlichung bereits weiter gegebener Fotos
- und eventuell Schmerzensgeld verlangen können.

Wie wurde der Rechtsstreit beigelegt?

Da die Nachbarin und der kühne Amateurfotograf offenbar völlig uneinig darüber waren, ob die Fotos gemacht werden durften und ob sie die Mülltonne des Nachbarn einfach mitbenutzen konnte, mußte der Amtsrichter ein klärendes Wort sprechen:

- Inhalt der Klage: Unterlassung des Betretens des Gartens und der Mitbenutzung der Mülltonne (§§1004, 906 BGB);

Inhalt der Widerklage, die im selben Prozeß behandelt wurde: Herausgabe der Fotos und der Negative von den Fotos, die Ulf Fichtner von seiner Nachbarin gemacht hat.

- Streitwert: Wurde vom Amtsrichter festgelegt, hier kämen 1 000 DM in Betracht.

- Kosten: Wenn beide Seiten einen Rechtsanwalt beauftragt hätten, wären dafür insgesamt 719,20 DM angefallen. Die Gerichtskosten beliefen sich auf 210 DM plus eventueller Kosten für Zeugen und Sachverständige. Insgesamt betrugen die Kosten dieses Nachbarschaftsstreits also 929,20 DM.

- Prozeßrisiko: Daß Ulf Fichtner mit seiner Unterlassungsklage durchgekommen ist, hing entscheidend davon ab, inwieweit seiner Nachbarin die Mitbenutzung der Tonne zu beweisen war, aber auch davon, ob die künftige Mitbenutzung zu befürchten gewesen war, nachdem Fichtner das bemerkt hatte. Und Anne Kühns Widerklage hatte nur dann Chancen, wenn Ulf Fichtner sie nicht fotografieren durfte.

- Rechtsanwalt: Für diesen Rechtsstreit ließe sich jeder Rechtsanwalt einschalten. Tips zur Anwaltssuche enthält der Anhang dieses Buches auf Seite 165 ff.

Vergleichsurteile

 Ein unrechtmäßiges Nacktfoto bringt kein Geld
Ein ehemals bekannter Sportler wurde dabei fotografiert, wie er an einem Strand auf Fuerteventura nackt joggte. Das Foto erschien in einem Magazin für Läufer und wurde untertitelt mit den Zeilen „Rhythmisch schwang er seine Beine – und im Takt schwang auch der Kleine". Der Läufer sah sein Persönlichkeitsrecht verletzt und forderte vom Magazin die Zahlung eines Schmerzensgeldes. Die Richter am Oberlandesgericht Köln verurteilten den Herausgeber zwar nicht dazu. Jedoch räumten sie ein, daß sowohl der Abdruck des Bildes als auch der – wenn auch witzige – Untertitel eine „unrechtmäßige Veröffentlichung" darstelle.
(Oberlandesgericht Köln – AZ: 15 U 215/96)

Kati Witt ist „oben ohne" Allgemeingut

Eine andere Prominente hatte ebenfalls etwas gegen die Ab-
bildung ihres (fast) nackten Körpers. So beschwerte sich
die Eiskunstläuferin Katharina Witt vor dem Landgericht
in Frankfurt darüber, daß sie barbusig in einer Sonntags-
ausgabe der Frankfurter Allgemeinen Zeitung zu sehen war.
Das Blatt wehrte sich im Prozeß unter anderem damit, daß
es sich bei der Veröffentlichung lediglich um eine Über-
nahme aus dem Playboy gehandelt habe. Die Richter urteil-
ten, daß „Personen der Zeitgeschichte" damit rechnen müssen, derart veröffentlicht zu werden; zumal dann, wenn sie
sich bereits einer anderen Zeitung „hingegeben" hatten.
Auch der politische Bildtext wurde vom Gericht akzeptiert:
„Die hochgeschätzte Eisprinzessin des ausgerutschten SED-
Staates offenbart hüllenlos eine weit anschaulichere Art von
Linientreue."
(Landgericht Frankfurt – AZ: 2-03 O 415/98)

Nacktfotos dürfen auch später noch erfreuen

Ein Model aus Köln hatte vor langer Zeit ihr „unwiderrufli-
ches Einverständnis" für die Veröffentlichung von Nackt-
fotos gegeben. Damals lockte der Playboy offenbar so sehr,
daß sie der Zeitschrift diesen Freibrief gab. Daß sie jedoch
Jahre später wieder nackt veröffentlicht wurde, hatte sie
dabei nicht berücksichtigt. Sie klagte vor dem Landgericht
Köln. „Das Recht am Bild" sei mittlerweile verwirkt, war
ihr Argument. Die Richter sahen das aber anders. Sie wollten „überzeugend dargelegt" bekommen, daß bei dem Model „ein maßgeblicher Wandel der inneren Einstellung statt-
gefunden" habe. Sie konnte den Richtern einen solchen
Wandel jedoch nicht glaubhaft machen. Schließlich war sie
weiterhin als Model im Geschäft und posierte nach wie vor
für die Fotografen. Auch erschienen noch regelmäßig Fotos
von ihr in Zeitungen und Magazinen.
(Landgericht Köln – AZ: 28 O 406/95)

Anmaßung

Mancher Nachbar überschreitet seine Grenzen, oft im wörtlichen Sinne, und traktiert friedliche Bürger. So wird zum Beispiel

- ein fremdes Grundstück befahren,
- ein Blumenbeet zertrampelt,
- jemand zum selbsternannten Polizisten,
- der Nachbar zum Posträuber.

Dabei gibt es für diese und viele andere Bereiche nachbarlichen Zusammenlebens eindeutige Regeln und Strafvorschriften wie

- Eigentumsschutz (Artikel 14 Grundgesetz, §823 BGB)
- Hausfriedensbruch (§123 StGB)
- Sachbeschädigung (§303 StGB)
- Verletzung des Briefgeheimnisses (§202 StGB)
- Diebstahl (§242 StGB)
- Unterschlagung (§246 StGB).

Gegenwehr

Wenn der Konflikt mit dem anmaßenden Nachbarn dennoch nicht vermeidbar ist, gibt es dagegen zum Beispiel folgende Rechte:

- Strafanzeige
- Klage auf Unterlassung
- Klage auf Schadenersatz.

Killertomaten

Notwehr gegen Hausfriedensbruch

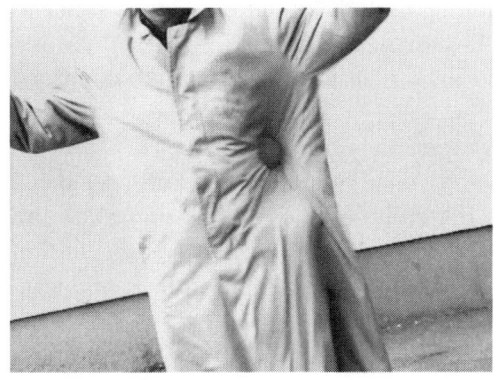

Kläger
Siegfried Ludingers Sohn träumt von Killertomaten, seitdem der Nachbar mit Gemüse um sich warf.

Beklagter
Thomas Kramer hat doch keine Tomaten auf den Augen – seine Grundstücksgrenze wird immer wieder überschritten.

Thomas Kramer und Siegfried Ludinger sind Nachbarn. Beide wohnen in der ländlichen Idylle der Gemeinde Münsing am Starnberger See. Ihre Grundstücke liegen an der Seeuferstraße, durch eine große Hecke und alten Baumbestand voneinander getrennt. Doch Kramer und Ludinger trennt noch viel mehr.

Fast jedes Wochenende im Sommer fährt Siegfried Ludinger mit seiner Frau Maria und seinen beiden Kindern zum Segeln in den nahe gelegenen Yachthafen. Dabei wendet er seinen Wagen samt Bootsanhänger jedesmal in der Einfahrt von Thomas Kramer. Kramer hat sich schon oft darüber aufgeregt, aber Ludinger läßt das kalt. „Was macht das schon?", denkt er bei sich. Kramer hat auch mal ein Schild aufgestellt: „WENDEN VERBOTEN!" Handgekritzelt und kaum leserlich. Dieser Text ist ja an sich schon lächerlich, findet Ludinger. Immer liberal tun und dann so eine Engstirnigkeit an den Tag legen! An ein nicht offizielles Verbotsschild muß man sich nicht halten, davon ist Ludinger überzeugt.

Durch dessen unverfrorene Wendemanöver fühlt Nachbar Kramer sich regelrecht bedroht. Einmal hat er sogar versucht, sich Ludinger dabei in den Weg zu stellen, doch der rollte einfach weiter und hätte ihn vermutlich angefahren, wenn Kramer nicht in letzter Sekunde zur Seite gesprungen wäre. Dem bulligen Ludinger ist er einfach nicht gewachsen.

Und so spielt sich jeden Samstag im Sommer immer wieder das gleiche Ritual ab: Ludinger fährt mit seinem Geländewagen aus seiner Einfahrt heraus, koppelt den Bootsanhänger an und bugsiert die ganze Konstruktion tief in Kramers Einfahrt. Dann kommt der Rest der Familie im Gänsemarsch und steigt gemächlich ein. Während der ganzen Aktion läßt Ludinger den Motor laufen. Kramer hat ihn schon mehrfach darauf hingewiesen, dies zu unterlassen. Er gefährdet mit dem Anhänger nämlich auch die Tomatenstauden. Schon mehr als einmal hat der uneinsichtige Nachbar ganze Pflanzungen niedergewalzt. Die Tomaten sind ein hochempfindliches Spitzenprodukt und zum Schutz der Früchte hat Kramer sogar eine Spezialfolie über den Stauden angebracht, um sie vor den Abgasen zu schützen. Doch darüber kann Siegfried Ludinger nur lachen.

Ludingers Grundstück war das Hochzeitsgeschenk des Schwiegervaters, eines ortsansässigen Bauunternehmers. Dort hat Siegfried Ludinger für sich und die Familie ein prachtvolles Haus im modern ländlichen

Stil gebaut. Einziger Dorn im Auge ist ihm das Grundstück nebenan, das alte, etwas heruntergekommene Haus sowie die Pflanzungen des Ökogemüseanbauers Thomas Kramer. Eine hohe Hecke und Bäume, die Ludinger extra angepflanzt hat, ersparen ihm wenigstens den Anblick dieser „verwilderten Plantage".

Thomas Kramer hat sein weitläufiges Anwesen vor einigen Jahren von seinen Eltern geerbt. Damals entschloß er sich, die landwirtschaftliche Tradition seiner Eltern fortzusetzen – allerdings unter ökologischen Gesichtspunkten. Er verkaufte das elterliche Vieh und nutzt seitdem das Grundstück an der Seeuferstraße, um dort biologisches Gemüse anzubauen. Nun betreibt er eine kleine, aber feine Ökogemüse-Zucht – vornehmlich Tomaten verschiedenster Provenienz. Inzwischen beliefert er sogar Münchner Bioläden und hat sich als Ökogemüsebauer einen guten Namen gemacht. Besonders stolz ist er auf die von ihm gezüchtete Tomatensorte „Clara", benannt nach seiner verstorbenen Mutter. Diese hocharomatische Sorte ist sein Aushängeschild.

Auch Ludinger verdient sein Geld mit Gemüse. Allerdings im großen Stil. Seine Geschäfte gehen prächtig, die Firma prosperiert und beliefert Lebensmittelgroßhändler in ganz Bayern. Ludinger hat Karriere gemacht, ganz so wie er es geplant hatte.

Jetzt kann er sich auch etwas teurere Hobbys gönnen. So gilt seine besondere Leidenschaft dem Segeln. Er hat sich ein eigenes kleines Boot gekauft und ist mittlerweile Mitglied in einem exklusiven Segelclub am Starnberger See, wo er auch seine Frau Maria kennengelernt hat.

Leute wie Ludinger kann der zurückhaltende Kramer, der sich im Winter als Autor von Ratgeberbroschüren mit sanftem Gartenbau beschäftigt, nicht ausstehen. Für ihn ist der bullige Kerl ein Karrierist mit einer Musterfamilie. Doch eine Zumutung ist in den Augen des umweltbewußten Ökobauern vor allem Ludingers Gemüsegroßhandel. Sein eigener unkonventioneller Lebenswandel hat ihm im Dorf den Ruf eines Eigenbrötlers eingebracht. Ludinger hat auch schon mal versucht, ihn in der Dorfkneipe hinten herum schlecht zu machen, weil er so ein „Ökospinner" sei und es doch komisch wäre, daß Kramer mit 41 Jahren noch immer keine Frau und Kinder hätte. Aber er hat nun mal die Richtige noch nicht getroffen. Es ist schwierig, eine attraktive Frau zu finden, die bereit ist, mit ihm das einfache Landleben zu teilen. Aber so unbeliebt, wie Ludinger immer behauptet, ist der zurückhaltende Thomas Kramer, der bei vielen Frauen Mutterinstinkte weckt, in Münsing nicht.

Insgeheim kann Kramer jedoch einen gewissen Groll nicht unterdrükken, wenn er die Ludingers so erlebt. Zwar möchte er nie mit einem wie Ludinger tauschen, aber solche Leute, weiß Kramer, haben es immer leichter im Leben – bei der Bank und überall. Das sieht man schon daran, daß dieser nervtötende Aufschneider den Zuschlag von der Gemeinde für die Anmietung des Schuppens gegenüber von Kramers Einfahrt erhielt. Kramer war auch daran interessiert, um dort seinen Kleintrecker unterzustellen, aber gegen einen so einflußreichen Konkurrenten hatte er keine Chance.

Statt dessen parkt Ludinger dort nun seinen Bootsanhänger, und Kramer mußte ein paar hundert Meter entfernt einen teuren Stellplatz für seinen PKW und den Kleintrecker anmieten, denn in seiner Einfahrt will er seine Fahrzeuge nicht parken, um die Beete nicht unnötig mit Abgasen zu belasten.

Kramer ist sich sicher, daß bei der Schuppen-Aktion bestimmt Ludingers Schwiegervater die Hände im Spiel hatte. Schließlich sitzt der im Gemeinderat. Und überhaupt der Gemeinderat: Thomas Kramer hat schon zwei vergebliche Anläufe gemacht, dort hinein gewählt zu werden. Einmal als Grüner und beim letzten Mal als unabhängiger Parteiloser, jedoch immer mit dem Vorsatz, in Münsing ökologische Politik zu machen. Er wird es diesmal wieder versuchen, doch bei der nächsten Wahl wird auch Siegfried Ludinger als Kandidat mit dabei sein. Natürlich nicht, um in Münsing Gutes zu tun, sondern weil er in der Landespolitik Karriere machen will, vermutet Kramer. Den bayerischen Dialekt hat Ludinger sogar schon durch eine etwas gestelzt daher kommende Hochsprache ersetzt, die ein wenig an den von ihm so bewunderten Landesvater erinnert.

Der erfolgreiche Gemüsegrossist stammt aus kleinen Verhältnissen. Sein Vater war Postbeamter im Raum Starnberg, und der kleine Siegfried Ludinger durfte manchmal auf dem Postfahrrad mitradeln, wenn der Vater die Briefe austrug. Der Anblick der vielen großen Villen und eleganten Anwesen beeindruckte Siegfried schon als Kind, und bereits damals faßte er den Entschluß, später nicht etwa reichen Leuten die Post zu bringen, sondern selbst reich zu werden. Nach der mittleren Reife und einer dreijährigen Tätigkeit als Einkäufer bei einem holländischen Gemüsegroßhändler nutzte Siegfried Ludinger seine Erfahrungen sowie seine dort geknüpften Beziehungen und eröffnete einen Großhandel für Obst und Gemüse in Deutschland mit Sitz in München, die Ludinger Frischwaren K.G.

Leute wie er, findet Kramer, sind verantwortlich für die geschmack- und vitaminlosen Wassertomaten, die heutzutage überall verkauft werden. Und dazu noch immer dieses unverfrorene Wendemanöver Ludingers in Kramers Einfahrt – das schlägt dem Faß den Boden aus. Alle zurückhaltend formulierten Aufforderungen, das zu unterlassen, waren bisher vergeblich. So ist es für Kramer nun an der Zeit, zur Selbsthilfe zu greifen. Schließlich kann man sich gegen so ein rüdes Eindringen in sein eigenes Grundstück nur mit Notwehr helfen. An einem Samstagmorgen gegen 8 Uhr, als der Geländewagen Ludingers gerade wieder auf seine Einfahrt zusteuert, setzt Kramer sich zur Wehr. Er greift sich eine Tomate nach der anderen und zielt mit Schwung auf die Ludingers. „Gen-Familie!", „Gemüse-Klons!", „Kunstfrüchtehändler!", Kramer schimpft und wirft von seinem Balkon aus auf die völlig überraschten Nachbarn. Später wird Ludinger vor Gericht aussagen, daß alle Familienmitglieder und auch das Boot getroffen worden seien. Die Kinder hätten geweint und an einen netten Segelnachmittag sei nach dieser Attacke Kramers nicht mehr zu denken gewesen.

Doch erst einmal erfährt Ludingers Frau wenige Tage nach dem Angriff von der Gemüsehändlerin in Münsing, daß Kramer bei ihr fünf Kilo von den großen Fleischtomaten gekauft hatte. Dieser Anschlag war also offenbar geplant, denn Kramer pflanzt ja keine Fleischtomaten an! Soviel steht für Ludinger jetzt fest. Das ist für ihn Grund genug, Klage wegen Körperverletzung gegen seinen Nachbarn Thomas Kramer einzureichen. Hinzu kommt noch, daß die verschmutzte weiße Segel-Kleidung der gesamten Familie nicht zu reinigen war und neu angeschafft werden mußte. Dafür fordert Ludinger einen Schadenersatz in Höhe von 850 DM. Vor Gericht legt er entsprechende Quittungen vor und die rotfleckigen Hemden, die ihm seine Frau während der Verhandlung in einer Tüte überreicht.

Die Beleidigungen will er großzügig außer acht lassen: „Jeder im Dorf weiß ja, daß der Kramer ein seltsamer Vogel ist. Aber ich möchte zu bedenken geben", führt Ludinger aus, „daß meine Kinder erheblichen seelischen Schaden erlitten haben und seit dem Vorfall unter Alpträumen leiden, in denen riesige Tomaten vorkommen."

Kramer setzt diesen Anschuldigungen entgegen, daß er sich an besagtem Morgen in einer Notwehrsituation befunden und sich mit ein paar Tomaten gegen das gewaltsame Eindringen in sein Eigentum gewehrt habe. „Es waren doch auch nur ein paar Tomaten", versichert er vor Gericht. Die Flecken auf den Hemden der Familie Ludinger könnten ebenso gut auch Spritzer von auf dem Gehweg aufgeprallten Tomaten sein, gibt er zu bedenken, um so sein Gemüse-Bombardement herunterzuspielen. Als der Richter noch einmal nachhakt und ihm entgegnet, er müsse doch wissen, ob er die Leute getroffen habe oder nicht, gibt Thomas Kramer dann doch etwas kleinlaut zu, daß er ein paar Treffer gelandet habe.

Der Fall aus juristischer Sicht:

Schilder wie „Einfahrt frei halten" oder „Befahren des Grundstücks verboten" unterstreichen eine rechtliche Selbstverständlichkeit: Grundsätzlich darf man niemanden daran hindern, von und zu seinem Grundstück zu gelangen, ebensowenig muß es sich kein Grundstückseigentümer gefallen lassen, daß ein

Nachbar darüber fährt. Macht er das doch, so kann der geschädigte Nachbar sich dagegen wehren: Unterlassung künftiger Übertritte (§§1004, 906 BGB), Schadenersatz, falls etwas zerstört wurde (§823 BGB), sind die rechtlichen Waffen des belästigten Nachbarn. In bestimmten Fällen kann er aber auch handgreiflich, also in Notwehr gegen die Übertritte seines Nachbarn vorgehen.

Und so urteilt das Gericht:

Die Klage wird abgewiesen.
Die Kosten des Rechtsstreits trägt der Kläger.

Die Klage ist nicht begründet.
Der Beklagte ist berechtigt, seine Einfahrt für den öffentlichen Verkehr zu sperren (vgl. Jagusch/Hentschel, Kommentar zum Straßenverkehrsrecht, 34. Aufl. Randanmerkungen 13-14 zu §1 StVO, S. 287 ff., besonders 289). Mit der Aufstellung eines einigermaßen lesbaren Schildes „Wenden verboten!" hat der Beklagte dies auch gegenüber jedermann ausreichend kundgetan und hat es dem Kläger außerdem an Ort und Stelle mündlich deutlich gemacht, sich sogar in den Weg gestellt. Deshalb kann der Beklagte sich für das Werfen mit den Tomaten auf Besitzwehr nach §859 BGB bzw. sogar Notwehr nach §227 BGB für seine Abwehrreaktion als Rechtfertigungsgründe berufen. Denn es lag ein gegenwärtiger Angriff vor, der auf seine Rechte abzielte und welchen er abwehren konnte. Er brauchte auch nicht darauf zu warten, obrigkeitliche Hilfe in Anspruch nehmen zu können. Seine Abwehrmaßnahme war ein angemessenes und mildes Mittel, welches keinen leiblichen Schaden anrichten konnte. Sein Handeln war gegenüber dem Beklagten und dessen Familienangehörigen rechtmäßig. Ein Anspruch auf Schadenersatz ist nicht ausgelöst worden.

Was lief hier rechtlich ab?

Thomas Kramer kann auf seinem Grundstück allein bestimmen, wer sich darauf bewegt und folglich auch, wer es mit welchen Fahrzeugen befahren oder – wie hier – eben nicht befahren darf. Sein Nachbar Siegfried Ludinger durfte sich nicht darüber hinwegsetzen und Wendemanöver veranstalten wie auf einer öffentlichen Wendeplatte.

Tomatensalat

Durfte aber Thomas Kramer dann so weit gehen und Familie Ludinger mit fünf Kilo Fleischtomaten bombardieren? Immerhin war das eine recht massive Reaktion auf den erneuten Grenzübertritt von Siegfried Ludinger.

Berechtigt hat Thomas Kramer seine Notwehr gegen den jeweiligen Hausfriedensbruch von Siegfried Ludinger. Diesen mußte er nicht hinnehmen, zumal sein Schild und seine sonstigen Hinweise deutlich gemacht hatten, daß er keineswegs zur Duldung der Ludingerschen Übergriffe bereit war.

Notwehr

Der Tomateneinsatz als Notwehr war aber nur zur Abwehr eines Angriffs von Ludinger gerechtfertigt. Notwehr darf nicht völlig übers Ziel hinaus schießen. Sie muß zwar nicht exakt angemessen sein, doch im Fall des sogenannten Notwehrexzesses, wo kleine Vergehen mit drakonischer Gegenwehr bekämpft werden, kann der Amtsrichter das Notwehrrecht versagen.

Wie wurde der Rechtsstreit beigelegt?

Daß keine gütliche Einigung der Nachbarn möglich war, bewies der Tomatenbewurf unmißverständlich. Der Gang zum Amtsgericht war daher unvermeidbar.

- Inhalt der Klage: Strafanzeige wegen Körperverletzung (§223 StGB); Schadenersatz für die Kleidung (§823 BGB).
- Streitwert: 850 DM.
- Kosten: Falls beide Seiten einen Rechtsanwalt beauftragt hätten, wären dafür insgesamt 719,20 DM angefallen. Die Gerichtskosten beliefen sich auf 210 DM plus eventueller Kosten für Zeugen und Sachverständige. Insgesamt betrugen die Kosten dieses Nachbarschaftsstreits also mindestens 929,20 DM.
- Prozeßrisiko: Da sich Thomas Kramer die Übergriffe seines Nachbarn nicht bieten lassen mußte und seine bisherigen Maßnahmen wirkungslos blieben, durfte er zur Gegenwehr greifen. Doch ob diese massive Notwehr angemessen war, mußte der Amtsrichter kritisch prüfen.
- Rechtsanwalt: Für diesen Rechtsstreit ließe sich jeder Rechtsanwalt einschalten. Zwar gibt es für die Anzeige der Körperverletzungen einen Spezialisten, nämlich den Fachanwalt für Strafrecht. Doch wenn der Amtsrichter Notwehr annimmt, erledigt sich auch der Vorwurf der Körperverletzung.

Vergleichsurteile

 3 Meter Rangierabstand sind keine Pflicht
Daß der Streit zwischen Siegfried Ludinger und Thomas Kramer eskalierte, hatte Gründe, die auch andernorts schon Nachbarn vor Gericht gebracht haben. Garagen- oder Hofeinfahrten sind geradezu geschaffen dafür, Ärger zu produzieren. So hatte ein Hausbesitzer in Köln von den Autofahrern, die auf der Straße vor seinem Grundstück parkten, verlangt, daß sie mindestens drei Meter Abstand zu seiner Garageneinfahrt ließen. Er wurde von den Richtern jedoch eines anderen belehrt. Einem Autofahrer sei es zuzumuten, die Autos, die ihn beim Ein- und Ausfahren ein wenig behindern, zu umfahren.
(Amtsgericht Köln – AZ: 136 C 88/96)

30 Meter lange Garageneinfahrt verführt zum Spielen

Kinder, die in einer 30 Meter langen Einfahrt zu den Garagen eines Wohnblocks spielten, ließen Anwohner in Berlin vor Gericht ziehen. Die Kleinen nutzten die Zufahrtsstraße als Spielplatz, was einem Teil der Anlieger nicht gefiel. Sie wollten es den Kinder verbieten (lassen), dort zu spielen. Doch die Richter meinten, daß die Kinder dort ruhig spielen könnten, solange sie sich dort nicht ununterbrochen aufhielten oder den Platz mit Spielgeräten zustellten.
(Kammergericht Berlin – AZ: 24 W 1107/98)

Tiefgarageneinfahrt muß „rundum" gestreut werden

Eine immer wieder für Ärger sorgende Problematik ist die Streupflicht an Wohneigentumsanlagen und deren Tiefgarageneinfahrten. So hielt es ein Hausverwalter für ausreichend, abends lediglich bis 21.30 Uhr die Zufahrt von Eis und Schnee freizuhalten. Ein Eigentümer der Anlage rutschte mit seinem Auto nach 21.30 Uhr aus und forderte Schadenersatz vom Verwalter. Das Amtsgericht Hanau teilte seine Meinung. „Rund um die Uhr", so die richterliche Aussage, müsse die Einfahrt zur Tiefgarage gestreut sein. Entsprechendes würde übrigens gelten, wenn dem Mieter einer Eigentumswohnung ein solches Mißgeschick passiert wäre.
(Amtsgericht Hanau – AZ: 36 C 2155/96-16)

Die Rechnung begleicht der Fahrzeughalter

Auch zugeparkte Einfahrten können Nachbarschaftsverhältnisse blockieren. Ein Grundstückseigentümer in Hessen ließ ein Kraftfahrzeug, daß seine Hofeinfahrt versperrte, abschleppen. Die Kosten dafür stellte er dem Halter des Autos in Rechnung. Der wehrte sich dagegen, weil er den Wagen dort überhaupt nicht abgestellt hatte. Ein Bekannter war an dem besagten Tag mit seinem Auto unterwegs. Ein Richter am Amtsgericht in Frankfurt am Main hielt das jedoch für unbedeutend und bestätigte, daß der Halter des Pkw – unabhängig davon, ob er am Steuer saß oder nicht –

die Rechnung des Abschleppunternehmens zu begleichen hätte. Im sogenannten Innenverhältnis hätte er das Bußgeld dann von seinem Bekannten zurückfordern können.
(Amtsgericht Frankfurt am Main – AZ: 30 C 1949/89-81)

Nur Behörde darf Schrittempo anordnen
Ein (zu) verantwortungsbewußter Bürger in Brandenburg sah sich dazu gedrängt, die Aufgabe der Behörde, Verkehrsschilder aufzustellen, zu übernehmen. Er wollte die Autofahrer dazu anhalten, „Schritt zu fahren". Wie der Zufall es wollte, stieß ein Pkw-Fahrer, der zwar schneller als die „gewünschte", jedoch maximal mit der behördlich zugelassenen Höchstgeschwindigkeit (hier: 50 km/h) fuhr, mit einem rückwärts aus einer Einfahrt kommenden Auto zusammen. Der wollte dem „Raser" den Schaden nicht ersetzen. Schließlich sei er „zu schnell" gefahren. Das Oberlandesgericht in Brandenburg erklärte die privat aufgestellten Schilder jedoch für unmaßgeblich und sprach dem Geschädigten vollen Anspruch auf Schadenersatz zu.
(Brandenburgisches Oberlandesgericht – AZ: 2 U 52/96)

Berauschende Blumen

Keine Macht für selbsternannte Drogenfahnder

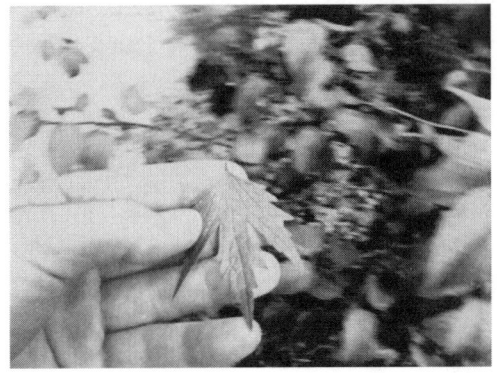

Kläger
Peter Wichern ist wütend: „Der Nachbar hat meinen Garten zertrampelt."

Beklagter
Siegfried Walter betätigt sich als Drogenfahnder und ist schlauer, als die Polizei erlaubt.

Gerda Walter hat aus ihrem Fenster einen wunderbaren Blick auf den Garten ihres Nachbarn. Eine lohnenswerte Aussicht, wie Frau Walter findet, die sich deshalb an manchen Tagen über Stunden hinweg nicht von ihrem Beobachtungsposten entfernen mag. Stets hält

sie die Nachbarschaft mit schillernden Berichten über ihre Beobachtungen und Vermutungen auf dem laufenden und auch ihr Sohn Siegfried, der seit seiner Scheidung wieder in ihrem Haus lebt, bekommt die Ereignisse des Tages nach Feierabend zu hören: „Stell Dir vor, den lieben langen Tag liegt die Freundin von Herrn Wichern im Garten und sonnt sich. Im knappsten Bikini – es ist eine Schande!"
Seitdem Siegfried Walter als Sicherheitsbeamter bei einer privaten Wach- und Schließgesellschaft arbeitet, ist er in Fragen des Anstands und Rechts eine Instanz für seine Mutter geworden. Im Falle der Freundin des Nachbarn teilt Siegfried Walter die Empörung der Mutter jedoch nicht. „Dagegen ist doch nichts zu sagen. Jeder darf sich in seinem Garten sonnen wie er will."

Siegfried Walter versteht zwar nicht, was seine Mutter daran findet, stundenlang in fremde Gärten zu starren. Aber sympathisch ist ihm der Nachbar Peter Wichern auch nicht, dazu sind sie zu verschieden. Wichern, ein erfolgreicher Landschaftsfotograf, hat ein Faible für alles Stilvolle und Ausgefallene. Schrille Brille, auffällige Frisur, edle, aber legere Kleidung, ein geländegängiger Jeep in der Garage und seit neuestem eine Freundin, mit der man sich sehen lassen kann. Siegfried Walters Frau hingegen hat ihren Mann trotz einer gemeinsamen Tochter vor einem Jahr verlassen. Seitdem kompensiert der Alkohol die Leere des Lebens, die der labile und unauffällige Walter seit der Trennung verspürt. Zudem bleibt ihm durch die Unterhaltszahlungen kein Geld für Extras. So ist Siegfried Walter froh, daß ihn seine Mutter wieder in ihre Wohnung aufgenommen hat, ihm den Haushalt führt und zumindest die schlimmsten Einsamkeitsgefühle mildert, auch wenn er sich seitdem allabendlich den Nachbarschaftstratsch anhören muß.

Neben der neuen Lebenspartnerin des Nachbarn ist dabei auch der Zustand von Wicherns Garten ein Dauerthema: „Wie Kraut und Rüben! Keine ordentlichen Beete oder Rabatten, kein Rasen", schimpft Gerda Walter eines Abends wie gewohnt. Doch diesmal ist sie überzeugt, zwischen all dem wohlbekannten Wildwuchs wahrhaft Empörendes entdeckt zu haben: Cannabispflanzen! „Hinten, in der völlig zugewucherten Ecke sind sie versteckt. Dutzende Pflanzen, sag ich Dir! Sie sehen genau so aus, wie die Pflanzen, die wir gestern im Fernsehen bei diesem Bericht über Drogen gesehen haben. Die mit diesen geschlitzten Blättern." Aufgeregt zieht sie ihren Sohn ans Fenster. Und wirklich, in einer Gartenecke sind hinter Bambushölzern die für Hanf typischen fingerförmig gefiederten Blätter zu erkennen. Nun fühlt sich Siegfried Walter als Detektiv herausgefordert, und er verspricht seiner Mutter, der Sache nachzugehen.

Noch in der selben Nacht schleicht sich Walter nach einem ausgiebigen Kneipenabend zwecks Beweissicherung auf das nachbarliche Grundstück. Er hat nicht zuletzt wegen seines Alkoholpegels Mühe, sich im Dunkeln zwischen den teilweise mannshohen Pflanzen zurechtzufinden. Als er schon enttäuscht aufgeben will, findet er doch noch die gesuchten Gewächse und reißt zufrieden zwei Blätter als Beweisstücke ab.

Gleich am nächsten Morgen stellt Walter den Nachbarn zur Rede. „Schauen Sie mal, Herr Wichern, was ich hier in Ihrem Garten gefunden habe", sagt er triumphierend und hält seinem verdutzten Gegenüber die Blätter unter die Nase. „Ahorn", antwortet Wichern irritiert und noch verschlafen, weil ihn Siegfried Walter aus dem Bett geholt hat. Dann erst schaltet er: „Was heißt, Sie haben das in meinem Garten gefunden? Wann waren Sie in meinem Garten? Sie haben doch um Himmels Willen nicht etwa meinen roten Ahorn...". „Roter Ahorn", äfft Siegfried Walter die Stimme seines Nachbarn nach. „Halten Sie mich ja nicht für dumm, Herr Wichern! Das hier ist Hanf, illegal angebauter Hanf aus ihrem Garten."

Solchen Blödsinn will sich Peter Wichern nicht anhören. „Das Zeug muß ich nicht selbst pflanzen. Dafür habe ich einen Dealer", gibt er flapsig zurück. Er wirft Herrn Walter die Türe vor der Nase zu und eilt in seinen Garten. Dort trifft ihn fast der Schlag. Sein Nachbar ist offensichtlich wirklich auf seinem Grundstück gewesen und muß dort regelrecht gewütet haben. Sinnloses Zerstörungswerk in seinem innig geliebten Garten, der nun wirklich nicht irgendeine begrünte Fläche, sondern ein von speziellen Architekten aufwendig und teuer angelegter japanischer Garten ist. Fassungslos stellt Wichern fest, daß Walter bei seiner nächtlichen Aktion mehrere exotische Gewächse vernichtet hat. Zwei fast unersetzliche, weil direkt aus Japan importierte Muschelzypressen liegen zertrampelt auf der Erde und was Siegfried Walter für eine Hanfpflanze hält, ist der von Wichern besonders geschätzte und nunmehr ziemlich gerupfte rote Ahorn. „Das wird ihm noch leid tun", murmelt Peter Wichern voller Zorn.

Siegfried Walter zeigt seine Beute aus dem Garten Wicherns einem Spezialisten. Enttäuscht muß er erfahren, daß er wirklich kein Cannabis, sondern eine Ahornpflanze mitgenommen hat. Betreten hofft er darauf, daß der Nachbar die Angelegenheit nach dem ersten verrauchten Zorn auf sich beruhen läßt. Immerhin hat Peter Wichern zugegeben, daß er Drogen nimmt und das wird er sicherlich nicht an die große Glocke hängen wollen. Doch einige Zeit später wird ihm Wicherns Klage auf Schadenersatz zugestellt.

Vor Gericht erläutert Peter Wichern die Besonderheiten seines Gartens. „Als Landschaftsfotograf wollte ich einen außergewöhnlichen Garten hinter meinem Haus anlegen. Nach einem langen Aufenthalt in Japan war mir klar, daß es ein japanischer Garten werden sollte, mit Originalpflanzen, die man teilweise nur dort beziehen kann. Die Kosten waren mir egal. Ich habe also eine Gartenbaufirma beauftragt, die mir auch Pflanzen aus Fernost besorgt hat, darunter die Exemplare, die Herr Walter bei seinem illegalen nächtlichen Ausflug auf meinem Grundstück zerstört hat. Der rote Ahorn, Acer palmatum atropoureum, und die Muschelzypressen, Chaaecyparis obtusa Nana' Grazilis, sind zusammen allein vom Kaufpreis her über 1 400 DM wert. Von den Transportkosten gar nicht zu reden."

Empört unterbricht Walter seinen Nachbarn: „Diese Fremdwörter klingen ja alle ganz beeindruckend. Aber kein Mensch kann doch ernsthaft behaupten, daß er sich aus Japan Pflanzen einfliegen läßt. Und von illegalem Ausflug kann auch keine Rede sein. Ich bin Sicherheitsbeamter bei einer renommierten Firma und kann nicht einfach die Augen verschließen, wenn ich sehe, daß jemand Verbotenes tut."

„Roter Ahorn, Herr Walter! Roter Ahorn und sonst nichts. Aber ich glaube gerne, daß es Ihren Horizont übersteigt, wenn ein Garten nicht aus akkurat gestutztem Rasen, aus Nutzbeeten und einem Komposthaufen besteht", wirft Wichern ein und bemerkt ironisch in Richtung Richtertisch: „Soweit ich über die rechtliche Lage informiert bin, gehört roter Ahorn keineswegs zu den verbotenen Pflanzen."

Walter verteidigt sich: „Es war Gefahr in Verzug, Herr Richter. Da mußte ich handeln. Daß es schließlich doch keine Hanfpflanzen waren, konnte ich vorher und von meinem Fenster aus nicht erkennen. Deshalb habe ich ja erst einmal das Corpus delicti sichern müssen, um es dann prüfen zu lassen. Und daß ich mit meiner Vermutung richtig lag, hat Herr Wichern selbst zugegeben. Als ich ihn wegen der Pflanzen zur Rede gestellt habe, hat er bestätigt, daß er Drogen nimmt, ja sogar Kontakt zu einem Dealer hat. Also habe ich ihm nichts Falsches unterstellt. Im übrigen habe ich mich im Garten äußerst vorsichtig bewegt. Ich kann mir nicht vorstellen, daß ich irgendeine Pflanze zertreten habe, wie Herr Wichern behauptet."

„Hier habe ich Fotos, die ich gleich am Morgen gemacht habe", entgegnet Peter Wichern und zeigt auf die Bilder auf seinem Tisch. „Die Sache mit dem Dealer war eine flapsige Bemerkung, um Herrn Walter zu ärgern. Selbstverständlich nehme ich keinerlei Drogen. Im übrigen ist Herr Walter mit seinem Alkoholproblem gerade der Richtige, um sich über Drogenkonsum aufzuregen. Aber darum geht es mir auch gar nicht. Ich möchte den Schaden in meinem Garten ersetzt bekommen und sonst nichts."

Der Fall aus juristischer Sicht:

Cannabis (Haschisch) anzubauen, damit zu handeln oder es in nicht geringer Menge zu besitzen ist strafbar; so regelt es das Betäubungsmittelgesetz. Und grundsätzlich darf jeder Nachbar etwas dagegen tun, daß in seiner Umgebung Straftaten verübt werden. Da die Verfolgung von Straftaten jedoch Aufgabe der Polizei und der Staatsanwaltschaft ist, hat grundsätzlich kein Bürger das Recht, selbst einzugreifen. Er muß deshalb Polizei und Staatsanwaltschaft informieren, wenn die (vermeintliche) Straftat verfolgt werden soll. Das gilt auch für die Durchsuchung der Wohnung und angrenzender Räume nach §102 Strafprozeßordnung (StPO). Sie darf durch den Richter, bei Gefahr in Verzug (also wenn sofortiges Handeln unerläßlich ist) auch durch die Staatsanwaltschaft oder durch die Polizei angeordnet werden.

Maßt sich jedoch ein Nachbar dieses Recht an und beschädigt bei der Durchsuchung Sachen, dann kann das Opfer dieses Einsatzes Schadenersatz nach §823 BGB von ihm verlangen.

Und so urteilt das Gericht:

Der Beklagte wird verurteilt, an den Kläger 1 520 DM nebst 4 Prozent Zinsen seit Klageerhebung zu zahlen.
Die Kosten des Rechtsstreits trägt der Beklagte.

Die Klage ist begründet.
Der Beklagte ist unbefugt in den Garten des Klägers eingedrungen und hat dort teils vorsätzlich, teils fahrlässig Schaden an exotischen Pflanzen in Höhe mindestens der Klageforderung angerichtet. Dafür haftet er nach §823 Abs. I und Abs. II BGB auf Schadenersatz. Für die ergriffene Maßnahme war seinerseits entgegen seiner Auffassung weder eine Zuständigkeit noch eine Kompetenz, noch überhaupt eine Lega-

lität gegeben. Soweit der Beklagte wirklich meinte, einen Tatverdacht für einen Gesetzesverstoß des Klägers nach dem BtMG annehmen zu können, konnte ihn solches nur berechtigen, dies an die zuständige Polizeidienststelle weiterzugeben. Eigene Aktionen der vorliegenden Art, wie auch immer sie gedacht waren, stellen sich ihrerseits als mögliche strafbare Handlungen nach §132 StGB (Amtsanmaßung) oder aber §123 StGB (Hausfriedensbruch) dar.

Die Schadenshöhe hat der Kläger durch Lieferungsnachweis belegt und der Beklagte nur unsubstantiiert bestritten.

Was lief hier rechtlich ab?

Siegfried Walter führte sich auf wie ein Polizist – er ist aber keiner. Deshalb durfte er auch bei noch so großem Cannabis-Verdacht nicht einfach in den Garten seines Nachbarn Peter Wichern eindringen. Vielmehr hätte er die Polizei anrufen müssen. Diese wiederum hätte sogar einen richterlichen Durchsuchungsbeschluß gebraucht, weil Anzeichen für Gefahr in Verzug nicht zu erkennen waren. Schließlich hatte Peter Wichern, im Wissen, daß er keine Betäubungsmittel anbaute, keinen Anlaß, Pflanzen verschwinden zu lassen oder vor Eintreffen der Polizei zu flüchten.

Wicherns Forderung

Daß der Nachbar mit den zertrampelten wertvollen Pflanzen vom selbsternannten Polizisten Schadenersatz verlangt, beruht auf §823 BGB:

„Wer vorsätzlich oder fahrlässig .... das Eigentum oder ein sonstiges Recht eines anderen widerrechtlich verletzt, ist dem anderen zum Ersatz des daraus entstehenden Schadens verpflichtet", so der Gesetzestext.

Zwar hat es Siegfried Walter nicht darauf angelegt, die Pflanzen zu zertrampeln, doch nachts im angetrunkenen Zustand mußte er zumindest damit rechnen, fahrlässig war diese Sachbeschädigung also durchaus. Und widerrechtlich war sie auch, weil er – wie oben erläutert – kein Recht dazu hatte, auf eigene Faust zu ermitteln.

Wie wurde der Rechtsstreit beigelegt?

Das Amtsgericht mußte darüber befinden, ob Siegfried Walter die zerstörten Pflanzen zu ersetzen hat, oder ob er – vielleicht auch wegen eines Irrtums über seine Kompetenz – deshalb nicht zur Verantwortung gezogen werden kann.

- Inhalt der Klage: Schadenersatz für die zerstörten Pflanzen im Wert von 1 400 DM plus Transportkosten.
- Streitwert: 1 420 DM.
- Kosten: Wenn beide Seiten einen Rechtsanwalt beauftragt hätten, wären dafür insgesamt 997,60 DM angefallen. Die Gerichtskosten beliefen sich auf 270 DM plus eventueller Kosten für Zeugen und Sachverständige. Insgesamt betrugen die Kosten dieses Nachbarschaftsstreits also 1 267,60 DM.
- Prozeßrisiko: Die Aussicht für Peter Wichern, den Prozeß zu gewinnen, war gut. Denn der Übergriff seines Nachbarn ließ sich durch nichts rechtfertigen. Selbst Anzeichen für eine Nothilfe, das ist eine Notwehr zugunsten anderer, waren nicht im geringsten gegeben.
- Rechtsanwalt: Für diesen Rechtsstreit ließe sich jeder Rechtsanwalt einschalten. Siegfried Wichern hätte sich überlegen können, einen Fachanwalt für Strafrecht zu beauftragen, doch das wäre angesichts der eindeutigen Rechtslage ziemlich übertrieben gewesen. Wie man einen Rechtsanwalt findet, steht auf Seite 166 ff. dieses Buches.

Vergleichsurteile

Haschisch im Garten nicht fristlos übelnehmen

Ein Mieter im Norddeutschen hatte zwischen seinen Gemüsebeeten Cannabis angepflanzt. „Zum Eigenverbrauch", so seine Rechtfertigung. Sein Vermieter, dem bei einem Besuch in der Wohnung der süßliche Geruch auffiel, fand das gar nicht lustig. Er fürchtete um seinen Ruf und kündigte die Wohnung fristlos. Die dagegen erhobene Klage brachte zumindest einen Teilerfolg. Die Richter am Landgericht Lüneburg hielten zwar des Vermieters Ansicht, daß in seinem Haus und um das Haus herum „Ordnung" zu herrschen habe, für beachtenswert. Doch hätte er seinen Mieter zunächst abmahnen müssen, um ihm die Chance für einen „mietvertragsgerechten" Gebrauch der Wohnung zu geben.
(Landgericht Lüneburg – AZ: 6 S 104/94)

Wissen heißt nicht, etwas verhindern zu müssen

Ein ähnlicher Sachverhalt wurde am Pfälzischen Oberlandesgericht verhandelt. Dort sollte eine Mieterin wegen „Beihilfe zum unerlaubten Anbau von Betäubungsmitteln" belangt werden. In der Tat wußte sie davon, daß ihr Untermieter eine kleine Ecke im Garten für den Anbau von Haschisch nutzte. Sie unterstütze deswegen allerdings keine Straftat, so ihr Argument, zumal das Cannabisbeet nur geringe Ausmaße habe. Nachdem sie vom Amtsgericht wegen „unerlaubten Anbaus von Betäubungsmitteln" verurteilt worden war, sprach die nächste Instanz sie frei: Der Besitzer eines Anwesens hat nicht dafür zu sorgen, daß kein anderer dort Straftaten begeht, er darf nur selbst keinen Beitrag dazu leisten.
(Pfälzisches Oberlandesgericht Zweibrücken – AZ: 1 Ss 3/99)

Mißbrauchsgefahr verhindert Genehmigung

Die Geschäfte eines Landwirts liefen nicht so, wie er sich das vorstellte. Kurzerhand erweiterte er seine Produktpa-

lette und pflanzte zusätzlich Hanf an. Damit wollte er auch die Textilindustrie in seinen Kundenkreis aufnehmen, um ihr Rohmaterial für Fasern zu verkaufen. Die Behörden haben ihm jedoch verboten, Hanf anzubauen. Es sei nicht sichergestellt, daß er kein Haschisch gewinne. Auch seine ausdrückliche Zusicherung, die Pflanzen vor der Blüte zu ernten, um daraus ausschließlich Fasern zu gewinnen, zog vor Gericht nicht. Es hatte kein Einsehen und strich ihm den Zusatzverdienst mit folgender Begründung: „Die Gefahr des Mißbrauchs ist nicht auszuschließen."
(Oberverwaltungsgericht Berlin – AZ: 1 S 56/95)

Marihuana in der Wohnung tabu

Kurzen Prozeß machte ein Amtsrichter in Linz. Dort kündigte ein Vermieter seinem Mieter fristlos die Wohnung, weil er darin Marihuana-Pflanzen züchtete. Der Mieter fügte sich, klagte allerdings auf Einhaltung der gesetzlichen Kündigungsfristen. Doch der fristlose „Rauswurf" wurde bestätigt. Wenn der Vermieter einen solch schwerwiegenden Verstoß gegen den Mietvertrag nicht dulden will, so hat er laut Gerichtsbeschluß das Recht, seinen Mieter von heute auf morgen vor die Tür zu setzen.
(Amtsgericht Linz – AZ: 2 C 992/90)

Was du nicht willst, daß man dir tu'...

Das Amtsgericht Nürnberg wies einen Grundstücksbesitzer zurecht, der von seinem Nachbarn verlangte, eine Hecke zu entfernen. Sie stünde zu nahe an der Grundstücksgrenze. Was er jedoch nicht berücksichtigt hatte: Sein eigener Garten war von einer Hecke umsäumt, die einer „dichten Einfriedung" gleichkam. Da falle es, so der Richter, gar nicht auf, daß die Nachbarhecke etwas „aufdringlich" erschien...
(Amtsgericht Nürnberg – AZ: 37 C 6416/93)

Spätestens nach 5 Jahren müssen Nachbarn einschreiten

Um die nachbarliche Grenze ging es auch in einem Fall beim Amtsgericht Winsen an der Luhe: Haben Grenzbepflanzungen (hier: mit Rotbuchen, Tannen und Ebereschen) zwi-

schen Nachbargrundstücken eine Höhe erreicht, die nach dem (hier: niedersächsischen) Nachbarrechtsgesetz nicht mehr zulässig ist, so muß der Nachbar, der das ändern möchte, spätestens im fünften Kalenderjahr danach dagegen „Klage auf Zurückschneiden" erheben. Andernfalls kann er nicht einmal verlangen, daß die Bäume auf das fünf Jahre zuvor bestehende Niveau zurückgeschnitten werden, muß sich also mit den Gegebenheiten abfinden.
(Amtsgericht Winsen an der Luhe – AZ: 16 C 290/99)

Wenn Rückschnitt reicht, ist Fällen entbehrlich
Und auch in Bayern ging es um die Baumhöhe: Beklagt sich der Besitzer einer Eigentumswohnung, daß ein anderer Wohnungseigentümer einen Baum gepflanzt hat, der die in der Gemeinschaftsordnung vorgesehene maximale Höhe (hier von 3 Metern) übersteigt, so darf er dennoch nicht verlangen, daß der Baum gefällt wird – wenn es ausreicht, daß er beschnitten wird, um eine „unangemessene Schattenbildung" zu verhindern.
(Bayerisches Oberstes Landesgericht – AZ: 2Z BR 111/94)

Mieter darf Knöterich wachsen lassen
Ein Mieter eines Hauses bepflanzte, um die etwas in die Jahre gekommene Fassade zu verschönern, die Außenwände mit Knöterich. Der Hauseigentümer allerdings war davon gar nicht begeistert. Er forderte die Beseitigung der Pflanzen, andernfalls würde er den Mietvertrag kündigen. Begründung: Knöterich würde den Putz angreifen. Dem jedoch widersprachen die Richter. Ganz abgesehen davon, daß Knöterich das Mauerwerk erwiesenermaßen nicht beschädige, wirke der Bewuchs „positiv auf das Raumklima". Das müsse auch im Interesse eines Vermieters liegen, so das Gericht.
(Amtsgericht Köln – AZ: 221 C 362/92)

Pollenallergie – entweder leiden oder umziehen
In einem Fall vor dem Landgericht Frankfurt am Main mußten die Richter über Leben und Tod mehrerer Birken ent-

scheiden. Eine an einer Birkenpollen-Allergie leidende Frau meinte, daß ihr Nachbar seine gefleckten Bäume abholzen müsse. Der jedoch verwies darauf, daß er die – bereits von seinem Großvater gepflanzten – „Erinnerungsstücke" nicht missen könne. Das muß er auch nicht. Die Richter erkannten zwar die „lästige Störung", die die Birken für die allergiegeplagte Frau darstellten. Es handele sich jedoch nicht um eine wesentliche Beeinträchtigung, die das Abholzen der Bäume rechtfertige – zumal die Bepflanzung „aus ökologischen Gesichtspunkten zu begrüßen" sei.

(Landgericht Frankfurt am Main – AZ: 2/16 S 49/95)

Cyrano

Fremde Briefkästen sind tabu

Kläger
Jürgen Fuchs will es schwarz auf weiß. Hat der Nachbar seine Brieffreundin betört?

Beklagter
Helmut Giese sieht sich als Poet. Vom Briefe schreiben versteht er etwas, sein Nachbar nicht.

Helmut Giese schnuppert verwirrt an dem Briefumschlag in seiner Hand. Kein Zweifel. Das lindgrüne Kuvert duftet verführerisch nach dem Parfüm einer Frau. Normalerweise findet der zurückgezogen lebende Junggeselle nur Rechnungen und Werbebriefe in seinem

Briefkasten; Privatpost ist nie darunter. Als Absenderin des unverhofften Grußes aus einer fernen Märchenwelt verkündet in tiefblauer Tinte eine schnörkelige Schrift auf der Briefrückseite „Susanne Klimt aus Bochum". Mit freudiger Erwartung bestaunt Helmut Giese den Brief. Wie kommt es, daß diese Susanne Klimt gerade ihm schreibt? Erst in seiner Wohnung entdeckt er, daß die Post gar nicht an ihn, sondern an seinen Nachbarn Jürgen Fuchs gerichtet ist. Natürlich, wie kann es auch anders sein! Jürgen Fuchs mit seiner imponierenden Erscheinung, der erfolgreiche Freiburger Galerist. Ein energischer, sonnengebräunter, weltmännischer Typ, wie aus einem Prospekt für Herrenmode, ein wahrer Sunny Boy, nach dem sich die Frauen umdrehen. Helmut Giese seufzt resigniert. Es ist also nur ein Irrtum.

Enttäuscht und wehmütig will Giese den schönen Brief schon bei Jürgen Fuchs in den Briefschlitz stecken. Doch der feine Duft und die vielversprechende Frauenhandschrift auf dem Umschlag regen seine Phantasie an. In seiner Vorstellung malt er sich eine begehrenswerte und reizvolle Susanne Klimt aus. Sehnsüchtig betrachtet der unscheinbare, fast schon häßlich zu nennende Verwaltungsangestellte Helmut Giese immer wieder den kleinen Umschlag. Was diese Susanne wohl geschrieben hat? Schließlich überwindet er sich und befeuchtet vorsichtig den Brieffalz über einem Topf mit kochendem Wasser, um ihn nicht aufreißen zu müssen. Aufgeregt faltet er den ebenfalls lindgrünen Papierbogen auf. Er erfährt, daß Susanne seinen Wohnungsnachbarn im Urlaub auf den Malediven kennengelernt hat, leider aber erst am letzten Tag. Deshalb würde sie ihm jetzt einfach mal schreiben, weil sie ihn so nett gefunden hätte...

Helmut Giese ist berührt. Wieder und wieder betrachtet er Susannes schwungvolle und harmonische Schrift. Es ist der erste private Brief, den er seit Jahren in seinen Händen hält. Er stellt sich vor, daß er es gewesen wäre, der Susanne getroffen hat und malt sich aus, wie sie gemeinsam am Strand auf einer Palmeninsel saßen, wie er ihr von seinem aufregenden Leben als Galeriebetreiber erzählte und wie sie ihm beeindruckt zuhörte. Helmut Giese ist sich sicher, daß Jürgen

Fuchs, der viele Freunde hat und von Frauen umschwärmt wird, den Verlust dieses Briefes überhaupt nicht bemerken würde. Vielleicht hat er Susanne schon vergessen? Auf keinen Fall aber würde er auf ihren liebenswürdigen Brief angemessen antworten, dazu ist er viel zu beschäftigt. Kurzentschlossen setzt sich Helmut Giese hin und schreibt Susanne einen langen Antwortbrief. Er tut darin so, als sei er Jürgen Fuchs. Helmut Giese befürchtet, daß Susanne versuchen könnte, ihre Urlaubsbekanntschaft anzurufen. Darum behauptet er, er lebe mit seiner Frau in Scheidung. Das habe er Susanne auf den Malediven nicht erzählt, weil es ihn zu sehr bedrücke. Um die Ehekrise nicht noch komplizierter zu machen, bitte er Susanne, ihn nicht anzurufen.

Die nächsten Tage werden für Helmut Giese streßig. Er muß Susannes Antwort abfangen. Wenn sie Jürgen Fuchs in die Hände fiele, würde alles auffliegen. So rast er in der Mittagspause von seinem Büro in der Freiburger Innenstadt nach Hause und angelt mit einer passend umgebogenen Nudelzange heimlich die Post aus dem Briefkasten seines Nachbarn. Schon nach einer Woche ist der heißersehnte Moment gekommen. Susanne hat geantwortet. Wieder mit einem verführerisch duftenden Brief, der ausführlicher und gefühlvoller ist als der erste. Helmut Giese antwortet noch am selben Abend, und es entwickelt sich ein inniger Briefwechsel zwischen den beiden. Einmal schickt Susanne sogar ein Goldkettchen mit einem Sonnensymbol daran, das Helmut Giese jeden Tag trägt.

Doch eines Tages bleiben die Briefe von Susanne völlig unerwartet aus. Sie antwortet Helmut Giese auch nicht auf seine immer drängenderen Schreiben, in denen er ihr seine Zuneigung gesteht und besorgt fragt, warum sie seine Briefe nicht mehr erwidere. Doch eines Mittags findet er statt dessen Post in seinem eigenen Briefkasten. Es ist die Klageschrift von Jürgen Fuchs. Er beschuldigt Giese darin, ihm Post gestohlen zu haben. Helmut weiß, daß er außer den Briefen von Susanne nichts entwendet und all die anderen Poststücke stets gewissenhaft zurückgesteckt hat. Aus seiner Sicht ist niemandem ein Schaden entstanden. Da es ihm peinlich ist, im Haus als Postdieb dazustehen, beschließt er, alles abzustreiten. Er will einfach leugnen, daß er Briefe aus dem Kasten seines Nachbarn entwendet hat.

Vor Gericht hält Jürgen Fuchs mit seiner Empörung nicht hinter dem Berg: „Herr Giese hat Post aus meinem Briefkasten gestohlen. Unter anderem hat er die Briefe meiner Bekannten Susanne Klimt entwendet, geöffnet und unter meinem Namen beantwortet. Susanne Klimt hat zudem in einem ihrer Briefe ein Goldkettchen mit einem Medaillon mitgeschickt, das ich ebenfalls nicht bekommen habe. Das soll er ebenso herausgeben wie die Briefe. Ich möchte, daß er wegen Diebstahls verurteilt wird."

Helmut Giese weist die Anschuldigungen von sich: „Ich habe keine Post gestohlen. Ich weiß auch nicht, wer diese Susanne Klimt ist. Es ist mir ein Rätsel, wie Herr Fuchs, mit dem ich mich bisher immer gutnachbarlich verstanden habe, zu dieser Behauptung kommt." „Das kann ich leicht erklären," unterbricht der Galerist erregt. „Aus dem Inhalt der Antworten läßt sich schließen, daß der Posträuber einige Kenntnisse über mich und meinen Beruf haben muß. Darüber hinaus muß er leicht und unauffällig meinen Briefkasten im Hausflur des Mehrparteienhauses plündern können. Beides trifft auf Herrn Giese zu. Als mein direkter Wohnungsnachbar kennt er meine Gewohnheiten und die Zeiten, in denen ich abwesend bin. Zudem habe ich ihn gelegentlich zu Vernissagen in meine Galerie eingeladen, so daß er ausreichend Einblick in meine Lebensverhältnisse hatte, um in den Briefen in meine Rolle zu schlüpfen."

Helmut Giese läßt sich nicht von seiner Verteidigungsstrategie abbringen. „In dem Haus wohnen acht Parteien. Jeder andere Bewohner hat ebenso wie ich Zugang zu den Briefkästen. Außerdem kennen auch alle anderen Mieter Jürgen Fuchs, der nicht nur mich zu Veranstaltungen in seine Galerie eingeladen hat. Jeder, der einmal zu den Eröffnungen ging, hat Einblick in sein Leben gewinnen können. Falls es also stimmt, daß jemand seine Post entwendet, dann kommen dafür außer mir mindestens auch die sechs anderen Mieter unseres Hauses in Frage."

Siegessicher blickt Giese in die Runde, denn er spürt, daß der Gegenpartei die Beweise fehlen. Doch dann fährt ihm der Schreck in die Glieder. Der Richter ruft als Zeugin Susanne Klimt auf. Nie hätte er erwartet, daß Susanne für die Verhandlung extra aus Bochum anreist und er die Unbekannte unter diesen Umständen kennenlernen muß. Aufgeregt und zittrig blickt er auf die junge Frau, die mit ihrer schlichten und farblosen Kleidung auf den ersten Blick eher unscheinbar aussieht. Als Susanne beginnt, die Geschichte von ihrer Urlaubsbegegnung mit Jürgen Fuchs zu erzählen, spürt Helmut Giese aber ergriffen, wie die verführerische Fremde, die er aus den Briefen kennt, plötzlich eine liebenswerte Frau aus Fleisch und Blut wird. „Ich hatte Jürgen im Speisesaal des Hotels schon öfter gesehen, wäre aber nie auf die Idee gekommen, ihn anzusprechen. Er wirkte so selbstsicher und weltmännisch. Doch eines Abends entdeckte ich ihn zusammengekauert allein am Strand sitzend. Es ging ihm nicht gut, weil er sich den Magen verdorben hatte. So sind wir ins Gespräch gekommen. Leider war es sein letzter Urlaubstag. Ich mußte aber in den nächsten Tagen noch oft an den Abend zurückdenken. Als Bankangestellte stellte ich mir Jürgens Leben sehr aufregend vor und beneidete ihn um die vielen außergewöhnlichen Menschen, die er als Galerist kennenlernt. Ich wollte unbedingt Kontakt halten und war deshalb froh, daß Jürgen mir seine Visitenkarte gegeben hatte. Als ich in Bochum zurück war, habe ich mir ein Herz genommen und ihm geschrieben." Leicht errötend fügt Susanne Klimt hinzu: „In einem übermütigen Moment habe ich auf den Briefbogen etwas von meinem Parfüm gesprüht. Ich war sehr glücklich, daß ich schon nach einer Woche eine so ausführliche und herzliche Antwort bekommen habe. Er schrieb von seiner Galerie und daß er mehr über mich erfahren wolle. Es hat mir gefallen, daß er Interesse an mir hatte. So entwickelte sich ein sehr intensiver Briefkontakt. Spontan habe ich mich dann entschlossen, nach Freiburg zu fahren und Jürgen zu besuchen. Als ich ihm das aus Zeitmangel per E-Mail schrieb, stellte sich heraus, daß Jürgen keinen meiner Briefe erhalten hatte und daß mir jemand anderes unter seinem Namen antwortete."

Susanne Klimt sieht sich nachdenklich Helmut Giese an. „Ich kann nicht glauben, daß das alles nur ein übler Scherz war. Ich fühle mich furchtbar betrogen. Haben Sie sich als Jürgen Fuchs ausgegeben? Warum machen Sie so etwas Bösartiges?" Schuldbewußt senkt Helmut Giese den Kopf. Kleinlaut gesteht er ihr die Tat und versucht ihr verzweifelt, seine Beweggründe zu erklären: „Die Briefe sind mir sehr wichtig gewesen. Es ist eine Vertrautheit entstanden, wie ich sie vorher in meinem Leben noch nicht kannte. Ich habe Dich nicht um Deine Gefühle betrügen wollen, Susanne, das mußt Du mir glauben."

Jürgen Fuchs unterbricht ihn verächtlich: „Mit seinen schwülstigen Ergüssen hat Herr Giese Susannes Leben sehr durcheinander gebracht. Er hat Susanne böswillig in die Irre geführt und dafür muß er nun geradestehen." Susanne Klimt stört es ein wenig, daß sich Jürgen auf einmal als ihr Anwalt aufspielt.

Helmut Giese dagegen redet weiterhin beschwörend auf Susanne ein: „Es waren doch wir beide, die wir uns diese intensiven Briefe geschrieben haben. Du hast in Wahrheit mir und nicht Jürgen Fuchs geantwortet, und Du hast mir geschrieben, wie wichtig meine Briefe für Dich seien. Es ist wahr, ich mußte die Post immer aus dem fremden Briefkasten angeln, aber die Briefe waren eigentlich an mich gerichtet, weil sie Antworten auf meine Briefe waren. Ich und nicht Jürgen Fuchs habe es ehrlich mit Dir gemeint, genau so, wie ich es in meinen Briefen geschrieben habe! Daß ich mich dazu als mein Nachbar ausgeben mußte, hat mich selbst am meisten gewurmt."

Empört schnaubt Jürgen Fuchs auf: „Einen derart billigen Kitsch hätte ich in der Tat nicht verfaßt." Genüßlich zitiert er zu Susannes Mißfallen aus einem von Helmut Gieses Briefen: „Ich laufe wie ein Trottel durch mein Leben, und alles könnte so einfach sein, wenn ich nur durch Deine wunderbaren, langen Haare streichen könnte..." Jetzt ist es Jürgen, der das Postgeheimnis bricht. Trotzig öffnet Susanne ihre Haarspange und läßt die bisher streng nach hinten gebundenen Haare über die Schultern fallen. Doch Jürgen Fuchs ist so damit beschäftigt, seinen Nachbarn lächerlich zu machen, daß er Susannes stillen Protest nicht registriert. Statt dessen zitiert er weiter: „Wenn ich nachts durch die Stadt fahre, muß ich oft an Dich denken. Ein Stern schlägt dann einen Purzelbaum und der Mond drückt ein Auge zu. Es geht mir gut, seit wir uns schreiben…".

Helmut Giese schaut unentwegt Susanne an: „Ja, es geht mir gut, und das habe ich Dir zu verdanken. Jedes Wort davon ist ehrlich gemeint. Es tut mir unendlich leid, wenn ich Dich gekränkt habe. Hier ist die Goldkette, ich gebe sie Dir selbstverständlich zurück, obwohl ich mich sehr über sie gefreut habe und ich sie jeden Tag getragen habe." Susanne ist von Helmuts aufrichtiger Entschuldigung gerührt, während sie Jürgens unsensible Art abstößt. „Ich möchte, daß Du die Kette behältst", erwidert sie. „Sie ist ein Geschenk für Deine wunderschönen Briefe gewesen, die mich sehr glücklich gemacht haben", zeigt sich Susanne Helmut Giese gegenüber wie verwandelt, und ihr freundlicher Blick läßt ahnen, daß zwischen den beiden ein neuer Anfang möglich ist.

Der Fall aus juristischer Sicht:

Ob mit oder ohne Wasserdampf: Wer die Post eines Nachbarn aus dessen Briefkasten nimmt, sie öffnet und liest, begeht gleich zwei Straftaten:
- Verletzung des Briefgeheimnisses (§202 StGB),
- Diebstahl (§242 StGB)

Da die Post aus einem geschlossenen Behältnis genommen wird, liegt hier sogar ein besonders schwerer Fall des Diebstahls (§243 StGB) vor, für den das Gesetz drei Monate bis zehn Jahre Freiheitsstrafe vorsieht. Es sei denn, das Amtsgericht stuft den materiellen Wert der Briefe als gering ein, was den schweren Fall des Diebstahls wieder ausschließt.

Und so urteilt das Gericht:

Dem Antragsgegner Helmut Giese wird im Wege einstweiliger Verfügung (§940 ZPO) aufgegeben, zur Vermeidung einer ansonsten gegen ihn für jeden Fall der Zuwiderhandlung festzusetzenden Geld- oder Haftstrafe, es zu unterlassen, am Briefkasten des Antragstellers Jürgen Fuchs zu manipulieren und daraus Post oder andere Gegenstände zu entnehmen. Die Kosten des Verfahrens trägt der Antragsgegner.

Der Antrag auf Erlaß einer einstweiligen Verfügung ist begründet. Arrestanspruch und Arrestgrund sind seitens des Antragstellers dargetan und glaubhaft gemacht.
Der Antragsgegner gesteht inzwischen zu, daß er unter Verstoß gegen diverse Strafbestimmungen, nämlich des einfachen bzw. schweren Diebstahls, der Verletzung des Briefgeheimnisses und der Urkundenunterdrückung aus dem verschlossenen Briefkasten des Antragstellers dort eingegangene Post herausmanipuliert und unbefugt an sich genommen hat. Die Übergriffe sind derart dreist und für den Antragsteller bedeutsam, daß ihm zugestanden werden muß, weiteren Angriffen dieser Art sofort entgegenzutreten und vorzubeugen, damit der Rechtsfriede gesichert wird.

Was lief hier rechtlich ab?

Der Klau fremder Post ist kein Kavaliersdelikt und geht beim Richter auch nicht als übertriebene Neugier ungestraft durch. Der betroffene Nachbar – so er den Diebstahl denn bemerkt – kann sich wehren, indem er

- den Diebstahl bei der Polizei oder Staatsanwaltschaft anzeigt,
- auf Unterlassung solcher Übergriffe klagt und den Ersatz eventuellen Schadens, gegebenenfalls auch Schmerzensgeld wegen Verletzung des allgemeinen Persönlichkeitsrechts verlangt.

Sofortige Reaktion

Um den Postdiebstahl sofort abzustellen, kann ein Prozeß vor dem Amtsgericht zu lange dauern. Deshalb ist ein Antrag auf einstweilige Verfügung eher angebracht. Dieser wird beim Amtsgericht gestellt und umgehend bearbeitet. Gibt der Amtsrichter dem Antrag statt, dann gilt die Entscheidung sofort. In einem späteren Prozeß, dem Hauptsacheverfahren, kann dann in Ruhe geklärt werden, ob der Antragsteller tatsächlich recht hatte. Falls nicht, kann ihn der Unterlegene gegebenenfalls auf Schadenersatz verklagen.

Verteidigung des Posträubers

Der beschuldigte Nachbar kann seinerseits der einstweiligen Verfügung widersprechen. Da das Gericht vor Erlaß der einstweiligen Verfügung jedoch nicht alle Details prüfen muß, sondern zügig im summarischen Verfahren entscheidet, wird der allgemeine Hinweis des Nachbarn, andere hätten es auch sein können, diesen einstweiligen Rechtsschutz nicht verhindern.

Wie wurde der Rechtsstreit beigelegt?

Da die Fronten zwischen Jürgen Fuchs und Helmut Giese verhärtet waren, führte nichts an dem Verfahren vor dem Amtsgericht vorbei.

- Inhalt des Antrags/der Klage: Unterlassung des Diebstahls von Post aus dem Briefkasten von Jürgen Fuchs.
- Streitwert: Festgelegt vom Amtsrichter, hier betrug er 1 500 DM.
- Kosten: Wenn beide Seiten einen Rechtsanwalt beauftragt hätten, wären dafür insgesamt 997,60 DM angefallen. Die Gerichtskosten beliefen sich auf 270 DM plus eventueller Kosten für Zeugen (Anreise und Zeitausfall von Susanne Klimt). Insgesamt betrugen die Kosten dieses Nachbarschaftsstreits also mindestens 1 267,60 DM.
- Prozeßrisiko: Da der Übergriff Helmut Gieses eindeutig war, bekam sein Nachbar Jürgen Fuchs nicht nur die beantrag-

te einstweilige Verfügung, sondern gewann auch den anschließenden Prozeß.

- Rechtsanwalt: Für diesen Rechtsstreit ließe sich jeder Rechtsanwalt einschalten (mehr zur Suche und zu den Kosten auf Seite 165 ff. in diesem Buch). Da zwischen den Nachbarn im Haus offenbar grundsätzlich ein gutes Verhältnis herrscht, hätte hier alternativ auch ein Mediator helfen können (vergleiche Seite 165), nicht nur zur Lösung des rechtlichen Konflikts, sondern auch, um die Harmonie im Haus wieder herzustellen

Vergleichsurteile

 Briefe des Partners bleiben tabu
Im Streitfall Jürgen Fuchs gegen Helmut Giese hatte die Geschichte so etwas wie ein Happy End. Das gab es für einen geschiedenen Ehemann jedoch nicht. Der öffnete nämlich ebenfalls Briefe, die nicht an ihn gerichtet waren. Doch war es nicht die Post einer Nachbarin, sondern die der Ex-Frau. Ganz abgesehen davon, daß er die Briefe las, hatte er auch so manchen Briefumschlag samt Inhalt verschwinden lassen. Das war Grund genug für den Richter, dem Mann ein Ordnungsgeld aufzuerlegen (der Strafrahmen reicht bis 50 000 DM, ersatzweise Haft bis zu 6 Monate).
(Amtsgericht Dorsten – AZ: 14 C 32/94)

 Der Hausmeister geht Angehörigen im Haus vor
Ein anderer Sachverhalt lag einem Fall vor dem Oberlandesgericht Rostock zu Grunde. Dort hatte ein Hausbewohner einen fristgebundenen Brief nicht erhalten. Es stellte sich heraus, daß der Postbote den Brief einem Angehörigen des Empfängers, der im selben Haus wohnte, ausgehändigt hatte. Das war so nicht in Ordnung, stellten die Richter fest. Das Schriftstück wäre nur dann wirksam zugestellt worden, wenn es ein Familienangehöriger im Haushalt oder aber der

Hausmeister beziehungsweise der Vermieter bekommen hätte.

(Oberlandesgericht Rostock – AZ: 1 U 193/95)

Nichtehelicher Lebenspartner gehört zur "Familie"

Auch in Schleswig-Holstein händigte ein Postbote einen Brief nicht der eigentlichen Empfängerin aus, sondern stellte das Schreiben über den nichtehelichen Lebensgefährten zu. Das paßte der Frau jedoch nicht; sie klagte gegen das Vorgehen des Postbeamten. Ohne Erfolg. Da auch der nichteheliche Lebensgefährte „als zur Familie gehörender Hausgenosse" anzusehen war und es bei der Zustellungsregelung nicht um den Schutz familienrechtlicher Belange geht, sondern darum, daß der Brief den Empfänger tatsächlich erreicht, wurde ihre Klage abgewiesen. Die Richter fügten noch hinzu, daß auch eine Putzfrau oder Haushälterin eines Junggesellen "geeignet" wäre, Post für ihn anzunehmen.

(Oberlandesgericht Schleswig-Holstein – AZ: 9 U 65/98)

Nachricht im Hausbriefkasten reicht aus

Das Oberverwaltungsgericht Rheinland-Pfalz mußte die Frage klären, ob eine Postzustellungsurkunde „richtig" übergeben worden war, obwohl der Postbote lediglich einen Benachrichtigungsschein in den Briefkasten geworfen hatte. Er hatte den Empfänger nämlich nicht angetroffen. Der „fand" offenbar die Benachrichtigung im Wust anderer Postsendungen nicht, verpaßte daraufhin eine Frist und klagte gegen die Post. Ohne positives Ergebnis. Die Richter waren der Meinung, daß das Dokument durch den Einwurf des Benachrichtigungsscheins „zugestellt" worden war, obwohl es bei der Post nicht abgeholt wurde. Den Inhalt eines Briefkastens müsse jeder sorgfältig durchsehen.

(Oberverwaltungsgericht Rheinland-Pfalz – AZ: 11 A 11241/ 96)

Auch auf „Zettel" muß geachtet werden

Entsprechend endete ein Verfahren, in dem es um einen Benachrichtigungszettel eines Einschreibens ging, den ein

Postbote im Briefkasten eines nicht angetroffenen Empfängers hinterließ. Hinter dem Einschreiben verbarg sich eine für den Empfänger wichtige Unterlage zu einem Unterhaltsprozeß. Er behauptete, den Zettel nicht vorgefunden zu haben, und meinte, daß ihm die Unterlage nicht angemessen zugestellt worden sei. Doch die Richter am Saarländischen Oberlandesgericht sahen das anders. Selbst wenn die Gefahr bestanden hatte, daß der Zettel unter anderen Schriftstücken verschwand oder nicht wahrgenommen wurde, galt die Post (durch die Benachrichtigung) als zugestellt. Auch hier also die Moral von der Geschicht': Den Inhalt eines Briefkastens – auch wenn es sich (fast) nur um Werbung handeln sollte – nicht achtlos wegwerfen, sondern vorher „sichten".

(Saarländisches Oberlandesgericht – AZ: 6 WF 58/99)

Postbote muß auch mehrere Etagen bewältigen

Ein bequemer Briefträger verärgerte die Bewohner eines Mehrfamilienhauses in Flensburg. Der lud die Post für die einzelnen Parteien einfach gesammelt im Treppenhaus ab. Ihm war es zu mühselig, täglich die vielen Etagen abzuschreiten. Das war aber eigentlich nötig, weil an der Haustür oder im Hausflur keine Briefkästen waren. Nur an den Wohnungstüren der Mieter waren Postkästen angebracht. Der Amtsrichter verschrieb dem „Gehmüden" jedoch die Treppentherapie. Er mußte die Briefe fortan durch das Mietshaus tragen.

(Amtsgericht Flensburg – AZ: 68 C 773/94)

Der Bürger darf auf übliche Postlaufzeit vertrauen

Schließlich: Kommt ein Brief bei einem Gericht deshalb um einen Tag zu spät an, weil die „übliche Postlaufzeit" von einem Tag nicht eingehalten wurde, so hat das Gericht Fristverlängerung zu gewähren. Differenzierungen danach, ob die Verzögerung auf einer zeitweise besonders starken Beanspruchung der Leistungsfähigkeit der Post, etwa vor Feiertagen beruht, sind unzulässig.

(Bundesverfassungsgericht – AZ: 1 BvR 762/99)

Anhang: Der Weg zum Amtsgericht

Wenn es dem bösen Nachbarn nicht gefällt, wenn der Reiseveranstalter das Blaue vom Himmel herunter versprochen hat, wenn der Handwerker trotz Mängeln eine gepfefferte Rechnung präsentiert oder wenn der Streit mit der Politesse zum Bußgeldbescheid eskaliert – in diesen und anderen Fällen treffen sich die Kontrahenten oft vor dem Amtsgericht. Und das ist häufig so, denn kaum ein anderes Volk ist so prozeßfreudig wie die Deutschen.

Was macht das Amtsgericht?

Im Amtsgericht urteilt meist ein einzelner Richter über die vorgelegten Streitfälle. Je nach Arbeitsbereich innerhalb des Gerichts ist er zum Beispiel zuständig für:

- bürgerliche Rechtsstreitigkeiten (Beispiel: offene Rechnungen) bis zum Betrag von 10 000 DM,
- Mietstreitigkeiten (Wohnraum),
- Streitigkeiten wegen Viehmängel,
- Streitigkeiten wegen Wildschadens,
- Verfahren in Ehe- und Familienangelegenheiten,
- Ordnungswidrigkeiten,
- Strafverfahren bis maximal vier Jahre Freiheitsstrafe.

Dabei wird in Zivilsachen (das sind alle außer den Verfahren wegen Ordungswidrigkeiten oder Strafverfahren) über eine Klage verhandelt, die der Prozeßgegner eingereicht hat. Der Amtsrichter befaßt sich mit den Schriftsätzen des Klägers und des Beklagten, läßt sich Beweise vorlegen, hört die Beteiligten, eventuell Zeugen und Sachverständige, bis er zu einem

Vergleich kommt, in dem sich beide Seiten auf einen Kompromiß einigen oder bis er ein Urteil spricht.

Bei Ordnungswidrigkeiten und Strafverfahren ist der Ablauf etwas anders. Hier wird das Verfahren durch die Staatsanwaltschaft eingeleitet. Der (vermeintliche) Sünder heißt hier im Prozeß nicht Beklagter, sondern Beschuldigter (Ordnungswidrigkeit) oder Angeklagter (Straftat).

Mit oder ohne Anwalt?

Außer in seltenen Ausnahmen (Beispiel: Ehescheidung) kann jeder selbst vor dem Amtsgericht auftreten. Wer also keinen Rechtsanwalt kennt, keinem traut oder die Advokaten für viel zu teuer hält, vertritt seine Rechte ohne juristischen Flankenschutz vor dem Amtsgericht. Das kann Vor- und Nachteile haben: Den Vorteil sehen einige darin, daß sogenannte Naturparteien – das sind eben die Personen, die sich vor Gericht selbst vertreten – vom Richter ernst genommen und mit Ihrer Rechtsposition gewürdigt werden. Der Nachteil liegt vor allem darin, daß einem Kläger oder Beklagten ohne anwaltlichen Beistand der nötige sachliche Abstand zur eigenen Position fehlt, wie erbitterte Streitigkeiten um Kleinigkeiten zeigen – ein häufiger Grund für die Prozeßwut.

Wie finde ich einen Anwalt?

Wer einen Anwalt beauftragen will, noch keinen kennt und keinen empfohlen bekommen hat, kann sich auf folgendem Weg eine Adresse heraussuchen (lassen):
- Branchenbuch unter „Rechtsanwälte", auch aufgeteilt nach speziellen Fachgebieten und Schwerpunkten;
- Deutsche Anwaltsauskunft, Telefon: 0180/5 18 18 05 (48 Pfennig pro Minute), 24 Stunden, 50 000 Adressen, Anbieter: Deutscher Anwaltverein;

- Anwalt-Suchservice, Telefon: 0180/525 45 55 (48 Pfennig pro Minute), montags bis donnerstags 8.30 Uhr bis 16.30 Uhr, freitags bis 15.30 Uhr, 8 000 Adressen, Anbieter: Dr. Otto Schmidt Verlag;

- direct Anwaltsdatenbank GmbH, Telefon 0190/51 46 14 (1,21 Mark pro Minute), 24 Stunden, 100 000 Adressen, Anbieter: siehe oben;

- www.fachanwalt-hotline.de: Dieser Service im Internet wird vom Bund deutscher Fachanwälte im BSZ e.V. (Telefon: 0 60 71/82 37 81, Fax: 0 60 71/2 32 95) angeboten. Er funktioniert so, daß Ratsuchende ihren Fall im Internet kurz schildern, ihre persönlichen Daten dabei aber anonym bleiben. Angeschlossene Fachanwälte können in diesen Fallangaben blättern und dem Service mitteilen, ob sie dieses Mandat übernehmen wollen, weil sie zum Beispiel besondere Erfahrung im angesprochenen Fachgebiet haben. Unter dieser Adresse kann man aber auch direkt nach einem spezialisierten Rechtsanwalt suchen.

Wie brauchbar ist ein Anwalt?

Ob ein Rechtsanwalt geeignet ist oder nicht, läßt sich mit folgender Check-Liste gut feststellen, die das Wirtschaftsblatt *handwerk magazin* zuerst veröffentlicht hat. Daß sie später auch vom *Deutschen Anwaltsblatt,* einer wichtigen Fachzeitschrift für Rechtsanwälte, nachgedruckt wurde, belegt ihre Praxistauglichkeit:

Ein schlechter Anwalt

... gibt sich überheblich und allwissend, hetzt Sie durch die Schilderung Ihres Falles und fragt Sie ausschließlich nach den juristischen Fakten.

... läßt Sie gleich in der ersten Minute eine Prozeßvollmacht unterschreiben, um sich den Auftrag weiterhin zu sichern.

... läßt die Sache bei einem geringen Streitwert zunächst schleifen und wird erst dann tätig, wenn Sie ihn wiederholt dazu auffordern.

... steht auf dem Standpunkt, daß er in allen Rechtsgebieten (auch Steuern) beraten darf und deshalb auch kann.

... sammelt Beweise erst dann, wenn Sie ihn deutlich darauf hinweisen.

... verschlampt gelegentlich wichtige Fristen und verläßt sich blind auf sein Büropersonal.

... lehnt Verhandlungen mit dem Gegner ab oder führt sie nicht richtig.

... treibt Sie in den Prozeß oder begründet die Klage schlampig.

... rät überschwenglich zur Berufung und zur Revision.

... schickt eine paragraphen-gespickte Honorarforderung, in der er alle Höchstsätze ausschöpft.

Ein guter Anwalt

... sagt Ihnen, ob er sich im angesprochenen Rechtsgebiet auskennt, hört ihnen zu, läßt Sie ausreden und fragt geschickt nach den juristischen Fakten.

... läßt sich nur dann mit der weiteren Vertretung in diesem Fall beauftragen, wenn das Problem nicht schon im Vorfeld zu lösen ist.

... nimmt Ihren Fall auch bei geringem Streitwert ernst und treibt die Sache voran.

... schaltet andere Experten (zum Beispiel den Steuerberater) mit ein, wenn dies erforderlich ist.

... kümmert sich rechtzeitig und umfassend um Beweise wie Schriftstücke, Sachverständige und Zeugen.

... sichert durch gute Büroorganisation die mehrfache Fristenkontrolle.

... kann mit dem Gegner gut verhandeln und versucht so, einen Prozeß abzuwenden.

... schätzt das Prozeßrisiko realistisch ein und beachtet alle Formalien.

... rät nur dann zu Berufung oder Revision, wenn sich das für Sie im Ergebnis wirklich lohnt.

... schickt Ihnen eine verständliche, nicht überzogene Honorarrechnung.

Was kostet der Prozeß?

Das Honorar des Rechtsanwalts und die Gerichtskosten orientieren sich am Streitwert. Bei einer offenen Rechnung ist das zum Beispiel der Rechnungsbetrag plus Verzugszinsen.

Hier zwei Beispiele der Ausgaben eines Klägers. Sie gelten jeweils für einen Rechtsanwalt. In der Regel fallen drei Gebühren an (siehe unten); auch die Gerichtskosten werden verdreifacht angesetzt. Falls ein Vergleich zustande kommt (siehe unten) wird eine vierte Gebühr fällig – ein finanzieller Anreiz für Rechtsanwälte, sich mit der gegnerischen Partei gütlich zu einigen.

Wer den Prozeß verliert, muß außer seinen Kosten auch die des Gegners übernehmen (alle Angaben in DM):

	Streitwert 5 000	Streitwert 10 000
Prozeßgebühr	320	595
+ Verhandlungsgebühr	320	595
+ Beweisgebühr	320	595
+ Auslagenpauschale	40	40
+ 16 % MwSt.	160	292
=	1 160	2 117
+ Gerichtskosten Klage	480	705
= Kosten insgesamt	1 640	2 822

Weiter hinten ist eine Tabelle der Rechtsanwaltsgebühren und der Gerichtskosten abgedruckt, mit der die Prozeßkosten auch für andere Streitwerte ausgerechnet werden können. Wegen der Kosten eines Ordnungswidrigkeiten- oder Strafverfahrens sollte ein Rechtsanwalt oder das Amtsgericht gefragt werden.

Wer hilft, wenn ich kein Geld habe?

Wer nur wenig Einkünfte hat, muß noch lange nicht auf sein gutes Recht verzichten, denn für diese Fälle gibt es staatliche Unterstützung. Diese sieht beim Amtsgericht so aus:

- Beratung
  Bevor ein Rechtsanwalt aufgesucht wird, beantragt man am besten bei der Rechtsantragstelle des Amtsgerichts einen Berechtigungsschein. Dieser kostet eine Schutzgebühr von 20 DM und umfaßt die Beratung durch einen frei ausgewählten Anwalt.

- Prozeß
  Rät der Rechtsanwalt zum Prozeß, so kann ein Mandant mit geringen Einkünften beim Amtsgericht Prozeßkostenhilfe beantragen. Hier werden die Anwalts- und Gerichtskosten vorgestreckt und sind (soweit möglich) später zurückzuzahlen. Falls der Prozeßgegner verliert, entfällt das Problem Rückzahlung, weil dann dieser alle Kosten des Verfahrens tragen muß.

Welches Amtsgericht ist zuständig?

Für den Rechtsstreit ist grundsätzlich das Amtsgericht zuständig, in dessen Bezirk der beklagte Gegner wohnt. Kaufleute können untereinander auch einen abweichenden Gerichtsort vereinbaren.

Wer muß was aussagen?

Daß sich der Kläger und der Beklagte im Prozeß äußern, ist selbstverständlich. Bei Ordnungswidrigkeiten und Strafverfahren muß der Beschuldigte oder der Angeklagte nur Angaben zu seiner Person machen (Name, Adresse, Geburtstag etc., nicht aber zum Einkommen), darf zu den erhobenen Vorwürfen aber schweigen.

Zeugen müssen grundsätzlich aussagen, in folgenden Fällen ist es ihnen aber erlaubt zu schweigen (Zeugnisverweigerungsrecht):

- Der Zeuge ist mit einer Partei verlobt.
- Der Zeuge ist oder war mit einer Partei verheiratet.
- Der Zeuge ist mit einer Partei verwandt oder verschwägert.
- Der Zeuge braucht oder darf aus beruflichen Gründen nicht aussagen.
- Der Zeuge müßte sich im Verfahren wegen einer Ordnungswidrigkeit oder Straftat selbst belasten (Auskunftsverweigerungsrecht).

Wieviel Zeugengeld gibt es?

Zeugen bekommen bis 200 Kilometer Fahrtstrecke ihren Aufwand für den privaten Pkw ersetzt, darüber hinaus die Kosten für eine Fahrkarte. Den Verdienstausfall vergütet das Amtsgericht mit 4 bis 25 DM je Stunde (hängt vom Verdienst ab). Wer nicht erwerbstätig ist (Beispiel: Hausfrau) bekommt 20 DM je Stunde.

Was bedeutet ein Vergleich?

Auch im Gerichtsverfahren ist noch ein Kompromiß möglich – und häufig die beste Lösung des Rechtsstreits. Dieses Entgegenkommen von Kläger und Beklagtem im Zivilverfahren heißt Vergleich. Er kann im Gerichtssaal vereinbart und protokolliert werden, aber auch außerhalb der Verhandlung – praktisch wie ein Vertrag. Wer sich nicht sicher ist, ob bei näherem Überlegen der Kompromiß tatsächlich gut war, schließt einen widerruflichen Vergleich, bei dem eine Frist (zum Beispiel eine Woche) festgelegt wird, innerhalb derer beide Seiten ihr Vergleichsangebot zurückziehen können.

Daß Rechtsanwälte und Amtsrichter Vergleiche gerne unterstützen, hängt nicht nur mit ihrem Sinn für raschen Rechtsfrieden zusammen. Dahinter stecken auch ganz praktische Gründe: Der Rechtsanwalt bekommt eine weitere Gebühr, und der Amtsrichter muß kein Urteil fällen und diktieren (was seine Arbeit erleichtert).

Bei Ordnungswidrigkeiten und Strafverfahren gibt es keinen Vergleich im oben genannten Sinne. Hier kann das Verfahren jedoch – mit oder ohne Geldauflage – eingestellt werden, wenn Staatsanwalt, Richter und Beschuldigter bzw. Angeklagter einverstanden sind.

Wie geht es nach einem Urteil weiter?

Wenn niemand Rechtsmittel einlegt (Berufung, Beschwerde), wird ein Urteil nach Ablauf der Berufungsfrist von einem Monat (Zivilsachen) oder einer Woche (Ordnungswidrigkeiten, Strafverfahren) rechtskräftig. Die Berufung in Zivilsachen ist nur möglich, wenn der Streitwert über 1 500 DM hoch ist.

Prozeßkosten einfach selbst berechnen

Mit Hilfe der folgenden Tabellen lassen sich die Kosten eines Zivilprozesses vor dem Amtsgericht leicht selbst berechnen. Dafür werden pro Partei und Rechtsanwalt je drei Gebühren und für das Gericht ebenfalls drei Gebühren angesetzt (vergleiche die Beispiele auf Seite 169).

Rechtsanwaltsgebühren

Streitwert bis Mark:	Gebühr in Mark:		
600	50	70000	1705
1200	90	80000	1845
1800	130	90000	1985
2400	170	100000	2125
3000	210	130000	2285
4000	265	160000	2445
5000	320	190000	2605
6000	375	220000	2765
7000	430	250000	2925
8000	485	280000	3085
9000	540	310000	3245
10000	595	340000	3405
12000	665	370000	3565
14000	735	400000	3725
16000	805	460000	3975
18000	875	520000	4225
20000	945	580000	4475
25000	1025	640000	4725
30000	1105	700000	4975
35000	1185	760000	5225
40000	1265	820000	5475
40000	1345	880000	5725
50000	1425	940000	5975
60000	1565	1000000	6225

Gerichtskosten

Streitwert bis Mark:	Gebühr in Mark:		
600	50	45000	610
1200	70	30000	655
1800	90	60000	715
2400	110	70000	775
3000	130	80000	855
4000	145	90000	895
5000	160	100000	955
6000	175	130000	1155
7000	190	160000	1355
8000	205	190000	1555
9000	220	220000	1755
10000	235	250000	1955
12000	265	280000	2155
14000	295	310000	2355
16000	325	340000	2555
18000	355	370000	2755
20000	385	400000	2955
25000	430	460000	3250
30000	475	520000	3545
35000	520	300000	3840
40000	565	640000	4135

Sachverständiger

Bei schwieriger Beweislage vor dem Amtsgericht kann in vielen Fällen ein Sachverständiger weiterhelfen. Häufigste Beispiele:

- Verkehrsunfälle
- Mängel bei gekauften, gebauten oder reparierten Sachen
- Zurechnungsfähigkeit

Wichtig: Es sollte nur ein „öffentlich bestellter und vereidigter Sachverständiger" mit einem Gutachten beauftragt werden, weil andernfalls das Amtsgericht dieses sonst nicht anerkennen muß.

Der Sachverständige kann von einer Prozeßpartei (Kläger oder Beklagter) oder vom Amtsgericht beauftragt werden. Bestehen ernsthafte Zweifel am vorliegenden Gutachten eines Sachverständigen, kann ein Gegengutachten vorgelegt werden.

Wie findet man einen Sachverständigen?

Namen, Adressen und Telefonnummern von Sachverständigen findet man

- im Branchentelefonbuch
- über die Industrie- und Handelskammer
- über die Handwerkskammer
- über einen Rechtsanwalt, der ein Verzeichnis der Sachverständigen hat.

Was kostet er?

Für das Auftreten eines Sachverständigen vor Gericht gibt es gesetzliche Regeln. Wer jedoch direkt ein Gutachten in Auftrag gibt, sollte vorher fragen, was es kostet, damit es später keine bösen Überraschungen gibt.

Einfluß aufs Gericht

Das Gutachten des Sachverständigen ist wichtige Grundlage für den Amtsrichter. Rechtlich bindet es ihn aber nicht. Oder anders ausgedrückt: Die rechtlichen Schlußfolgerungen aus dem Gutachten und aus anderen Teilen der Beweisaufnahme (Urkunden, Zeugen etc.) obliegen allein dem Richter.

Die Herausgeber

Wolfgang Büser, geboren 1938 in Dortmund, recherchiert für „Streit um Drei" jährlich mehr als 2000 aktuelle Gerichtsurteile. Neben seiner Tätigkeit für verschiedene Zeitungen und Zeitschriften ist der Fachjournalist vor allem als Ratgeber zu Rechts- und Verbraucherfragen aus vielen Fernseh- und Rundfunksendungen bekannt. Wolfgang Büser arbeitete bereits für die ZDF-Drehscheibe, das ZDF-Mittagsmagazin, „WISO" und „heute nacht". Sein Themenspektrum reicht vom Miet- und Reiserecht über das Steuer- und Arbeitsrecht bis zur Privat- und Sozialversicherung.
Die Vergleichsurteile stammen aus der Datei des Journalistenbüro Wolfgang Büser, zusammengestellt von Maik Heitmann.

Guido Neumann, geboren 1932 in Wieda im Südharz, Jurastudium in Münster und Hamburg. In den sechziger Jahren arbeitete er als Rechtsanwalt und als Assessor in Lüneburg. Zwischen 1965 und 1970 war er Staatsanwalt in Stade, dann ein Jahr als Richter im Straf- und Zivilsenat beim Oberlandesgericht in Celle. Es folgte die amtsrichterliche Tätigkeit in Winsen (Luhe) in den Bereichen Vormundschaftsrecht, Jugendrecht, Zivilrecht, schließlich die Position des Strafkammervorsitzenden beim Landgericht in Stade. Von 1977 an war Guido Neumann Aufsichtsrichter beim Amtsgericht Winsen (Luhe). Er ist Ehrenmitglied im Bund deutscher Kriminalbeamter.

Die Buchautoren

Oliver Dött, geboren 1965 in Stuttgart, absolvierte eine Ausbildung zum Verlagskaufmann und studierte Politikwissenschaft, Literatur und Publizistik in Erlangen-Nürnberg und Mainz. Er arbeitet als freier Journalist und Redakteur für verschiedene Zeitungen und Buchverlage in Stuttgart, Frankfurt und Berlin. Oliver Dött ist Mitautor und Redakteur mehrerer Bücher, darunter ein Rentenratgeber (1996) und der Bestseller „Hitlers Helfer – Täter und Vollstrecker" (1997). Seit 1991 ist er Mitarbeiter des ZDF in den Ressorts Innenpolitik, Publizistik und Öffentlichkeitsarbeit.

Andrea Glückert, geboren 1968 in Frankfurt/Main, absolvierte eine Ausbildung zur Buchhändlerin. Studium der Kunstgeschichte, Klassischen Archäologie und Germanistik mit Magisterabschluß (1996). Freie journalistische Arbeit beim HR-Hörfunk. Redakteurin der ZDF-Senderedaktion „Zeitgeschichte" und Mitautorin des Beststellers „Hitlers Helfer – Täter und Vollstrecker" (1997). Als Redakteurin der ZDF-Presseabteilung war Andrea Glückert zuständig für die PR-Arbeit von ZDF-Fernsehfilmproduktionen und verfaßte zahlreiche Schauspieler-Interviews und Reportagen von Dreharbeiten.

Harald Klein, geboren 1954 in Frankfurt/Main, ist ausgebildeter Jurist und arbeitet seit 1991 als Redakteur des Wirtschaftsblattes „handwerk magazin". Sein Spezialgebiet sind rechtliche Beiträge für Nichtjuristen. Seit über 20 Jahren schreibt Harald Klein für zahlreiche Zeitungen und Zeitschriften, darunter viele Gerichtsberichte für das „Schwäbische Tagblatt" (Tübingen) und „Die Rheinpfalz" (Ludwigshafen). Als Buchautor befaßte er sich insbesondere mit Steuern, Finanzen und Erbrecht.

Die Macher der ZDF-Sendung „Streit um Drei":

Eva Appel, geboren 1959 in Bonn, Magisterabschluß, 1986-1988 verschiedene Radiobeiträge für ARD-Anstalten, Volontariat im ZDF, Redakteurin der Nachrichtensendung „heute", Redakteurin „Das kleine Fernsehspiel", Entwicklung der 3sat-Thementage, 1993 Wechsel in die Krimiredaktion. Produktionen: „Faust", deutsche Synchronisation zu „Für alle Fälle Fitz", „Mordkommission", „Verkehrsgericht", „T.E.A.M. Berlin", „Streit um Drei" sowie Fernsehspiele wie „Nacht der Frauen" und „Zimmer mit Frühstück".

Elke Müller, geboren 1959 in Hamburg, Zeitungs-Volontariat bei den Ruhr-Nachrichten (Dortmund), danach Redakteurin. Ab 1982 Studium der Kunstgeschichte, Publizistik- und Kommunikationswissenschaften in Bochum und Florenz, Magisterabschluß. Seit 1987 Presse- und Öffentlichkeitsarbeit bei der Duisburger Filmwoche, zuletzt Co-Leiterin des Festivals. Ab 1990 freie Mitarbeiterin in der Redaktion „Das kleine Fernsehspiel". 1992 Grimme-Preis für „Asphaltflimmern". Seit 1995 Redakteurin bei Reihen und Serien, u.a. für den Samstagskrimi „Koerbers Akte", die Reihe „Steinbrecher &..." und den Zweiteiler „Ich schenk' dir meinen Mann".

Stephan Wiesehöfer, geboren 1953 in Duisburg, Studium in München, Tübingen, Berlin. Promotion in Germanistik. Filmkritiken für den „Münchner Merkur", Beiträge für Privatradio, BR und SR Hörfunk und Fernsehen über Freizeit, Kultur und Gesellschaft. Aufnahmeleitung, Regieassistenz beim BR, 1986-89 Dramaturg am Landestheater Linz, danach Dramaturg bei der Neuen Deutschen Filmproduktion München. Seit 1991 Redakteur beim ZDF in der Unterhaltung Wort, für „Evelyn Hamanns Geschichten aus dem Leben", die Daily Soap „Jede Menge Leben", Rosamunde Pilcher: „September", „Heimkehr", „Das große Erbe" u.a.

Die Fälle im Buch basieren auf Drehbüchern folgender Autoren zur ZDF-Fernsehserie:

Brandhoff, Ekkehard	Killertomaten
Brown, Andrea	Unsere kleine Farm
Goslicki, Peter	Fotografieren verboten, Caruso für Arme
Link, Sybille	Die Frösche
Remy, Nicolaus	Cyrano
Sandmann, Monika	Platsch!
Schrödter, Sybille	Drogenfahnder
Schwerin, von Krosigk, Wilfried	Der nackte Mann, Rosen für Bambi
Tölle, Helga	Marilyns Müll
Wolf, Heinz	Frustzwerge

Register